# ATLAS
# DER
# VERLORENEN STÄDTE

# ATLAS
# DER
# VERLORENEN STÄDTE

**Aude de Tocqueville**

Illustrationen
**Karin Doering-Froger**

FREDERKING & THALER

# INHALT

## AFRIKA



## AMERIKA

## ASIEN



## EUROPA

»Der Katalog der Formen ist endlos: Solange nicht jede Form ihre Stadt gefunden hat, werden fortwährend neue Städte entstehen. Wo die Formen ihre Variationen erschöpfen und sich auflösen, beginnt das Ende der Städte.«
Italo Calvino, *Die unsichtbaren Städte*

Eines Tages im November, auf der Rückfahrt von Agra, der Stadt mit dem Taj Mahal, hielt ich in Fatehpur Sikri. Kaum hatte ich die Tore dieser Stadt durchschritten, die ein Großmogul im 16. Jahrhundert erbauen ließ, verstummte der Lärm des indischen Lebens abrupt. Eine eindrucksvolle Stille umhüllte die nackten Steine. Ich war verblüfft von der Harmonie des Raums, der raffinierten Architektur der Paläste, Höfe und Terrassen, von der mineralischen Reinheit dieser auf einem Hügel über der unendlichen Ebene thronenden Stadt. Ich dachte an die Menschen, die einst in diesen Mauern gelebt hatten: Akbar, Universalgelehrter und Gründer der Stadt, der an seinem großen Hof mit Jesuitenpatres parlierte, die Haremsdamen, die von den Balkonen ihrer Gemächer aus beobachteten, wie das letzte Licht des Tages verlosch, die Wachen, die in dunklen Winkeln dösten. Über einem großen Tor im Mogul-Stil entdeckte ich kunstvolle philosophische Inschriften. Eine lautete: »Die Welt ist nur ein schmaler Steg. Schreite darauf, ohne dein Haus zu bauen.« Bei jedem Schritt meines Rundgangs erfreute ich mich an dieser Stadt, die die Zeit nur noch schöner gemacht hatte.

Worin besteht die Magie von Fatehpur Sikri? Worin besteht überhaupt die Magie einer verlassenen Stadt? Ich liebe Städte, diese offene Welten der permanenten Veränderung, aber noch mehr liebe ich verlassene Städte, die der Fantasie keine Grenzen setzen. Weil sie nicht mehr existieren, können sie zur idealen Stadt werden, zu der Stadt, von der wir immer geträumt haben. Bei meiner Wanderung durch Fatehpur Sikri stieß ich auf einen Grabbau von besonderer Schönheit. Das Wunderwerk aus weißem Marmor, Perlmutt und Ebenholz wurde einst für Akbars persönlichen Berater errichtet: Es symbolisierte die Verehrung, die der Herrscher sein Leben lang diesem Mann entgegenbrachte, der ihn die Weisheit gelehrt hatte. Einen Augenblick lang mischte sich die große Geschichte in meine umherschweifenden Gedanken. So ergeht es uns mit verlorenen Städten: Sie sind Poesie, Traum, Kulisse unserer Leidenschaften, sie sind wie eine Metapher für unser Leben.

Die Faszination, die von solchen versunkenen Städten ausgeht, ist bisweilen ein Widerhall unseres eigenen Lebens, manchmal künden sie aber auch vom Irrsinn der Welt, von der Gewalt der Natur und der Menschen. Dann sind da weder Poesie noch Traum, es bleibt nur die Verblüffung angesichts dessen, was unseren Verstand übersteigt: Städte werden begraben unter dem Schutt von Kriegen oder ausgelöscht von einer atomaren Wolke. Man mag sich fragen, was die Touristen bewegt, die in Reisebussen durch Prypjat fahren, jene nach der Atomkatastrophe von Tschernobyl so hastig geräumte Stadt. Fasziniert sie das Schicksal, das diesen Ort getroffen hat? Welcher dunklen Tiefe entspringt diese Empfänglichkeit für die Katastrophe? All diese Städte mit ihrem tragischen Schicksal haben eines gemeinsam: Sie werden wieder zu Natur. Es sind eindringliche Bilder, wie die Vegetation sich zwischen Steinen und aufgeplatztem Asphalt hindurchzwängt oder verbogene Eisenträger überwuchert.

Die meisten versunkenen Städte haben zum Glück ein friedlicheres Leben geführt, bei manchen erstreckt sich die Geschichte über Jahrtausende. Anders, als es in der Inschrift von Fatehpur Sikri heißt, baut der Mensch, sobald er sich niederlässt, sein Haus. Er hat in vielfältigen Formen Orte für schöpferisches Wirken und regen Austausch errichtet – Handelsplätze, wehrhafte Städte im Mittelalter, den Künsten geweihte Städte in der Renaissance, Industriestädte im 19. Jahrhundert –, glorreiche Städte und verwundbare, manche aus Zufall entstanden, andere aus dem Bedürfnis nach Schutz oder aus einer ehrgeizigen Idee heraus. Manche Städte hatten mehrere Leben – wie Bam, das im Verlauf der Jahrhunderte viele Male wiederaufgebaut wurde und nach einem verheerenden Erdbeben aufs Neue der Wüste trotzt. In der Antike waren Städte das Ergebnis einer Abfolge von Aufbau und Zerstörung. »Die Form einer Stadt ändert sich schneller, leider, als eines Menschen Herz«, stellte Baudelaire bedauernd fest. Antike Städte, die von Beginn an den Blick auf andere, bereits bestehende richteten, zeigen untereinander eine Fülle von Übereinstimmungen – so etwa die vielen Satellitenstädte Roms rund um das Mittelmeer. Aber Mari, Leptis Magna und Pompeji besitzen auch eine jeweils ganz eigene Schönheit – geboren aus der Erde, aus der sie gewachsen sind, und dem Leuchten des Himmels über ihnen. Wer über das Pflaster von Djémila spaziert, inmitten einer Landschaft aus Bergen und Schluchten, wird unweigerlich in Bann gezogen von diesen Steinen, die in einem Land, mit dem es die Geschichte oft nicht gut gemeint hat, die Ewigkeit bewahren.

Diese Magie des Augenblicks, wenn die Vergangenheit den Raum erfüllt, spürte ich auch im Jemen. An einem frühen Morgen entdeckte ich Ma'rib, gelegen am Rand einer trockenen Wüste, die Luft von Staub geschwängert. Von dieser Stadt im Herzen der Weihrauchstraße sind heute nur noch wenige Ruinen übrig. Wie aus dem Nichts tauchte ein kleiner Junge auf, ergriff meine Hand und führte mich zu einer eingestürzten Mauer. Dort zeigte er mir einen Stein, der eine sabäische Inschrift trug. Und mit einem Mal bekamen diese verlorenen Ruinen eine neue Weite, zeigten Farben und Ornamente aus jener Zeit, da der Seeweg noch nicht den Landweg ersetzt hatte.

Wenn Städte untergehen, stirbt ein Stück Geschichte mit ihnen: Ihre Spuren wiederzufinden heißt, die Vergangenheit wieder zum Leben zu erwecken. Unsere Faszination für versunkene Städte hängt vielleicht ganz einfach mit unseren detektivischen Instinkten zusammen. Jede Geburt ist eine Sensation und jeder Tod ein Geheimnis. Dies gilt für das kurze, rätselhafte Abenteuer der futuristisch anmutenden Städte von Sanzhi und Wanli an der Küste der Taiwanstraße, es gilt für Seseña in Spanien, eine Stadt, die durch den Größenwahn eines Mannes gestorben ist, bevor sie überhaupt gelebt hat, es gilt für das surrealistische Jeoffrécourt, das in der Ebene der Picardie so tut, als wäre es eine Stadt, damit Soldaten dort den Häuserkampf trainieren können.

Sie alle haben mich gelehrt, dass der Tod einer Stadt genauso bedeutsam ist wie ihre Entstehung. Ich habe außerdem die Erfahrung gemacht, dass eine Stadt ebenso ein geistiger wie ein physischer Raum ist: Sie prägt uns zutiefst, während wir unsere Fantasien um sie spinnen, auch wenn die Stadt selber lange nicht mehr bewohnt ist. Wenn der Finger des kleinen Jungen auf die sabäische Inschrift deutet – dann treten wir plötzlich aus der Zeit heraus, befreit von allen Bindungen, berührt davon, dass wir in dieser verborgenen Schönheit das Echo unseres unvollendeten Lebens finden.

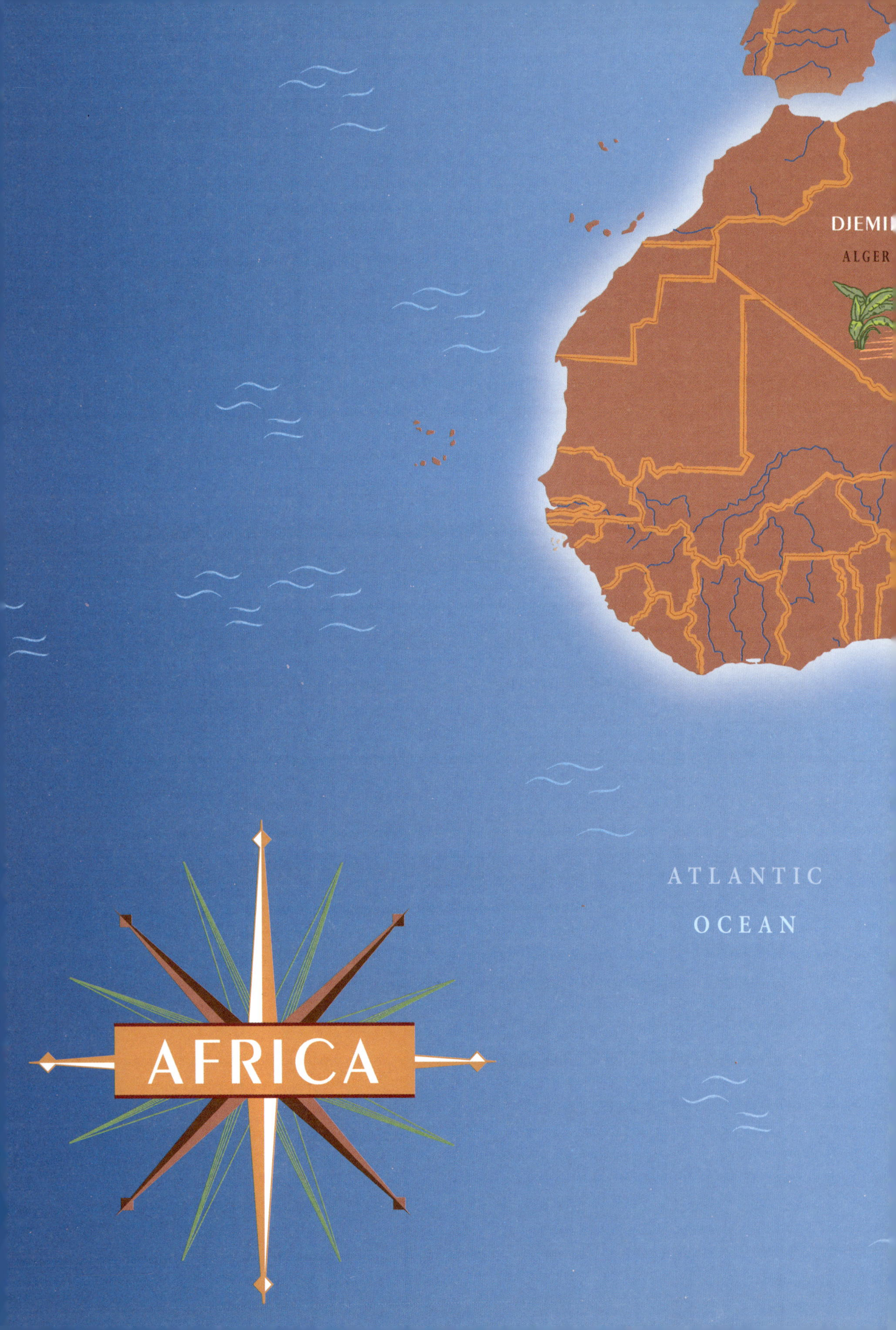
DJEMI
ALGER
ATLANTIC
OCEAN
AFRICA

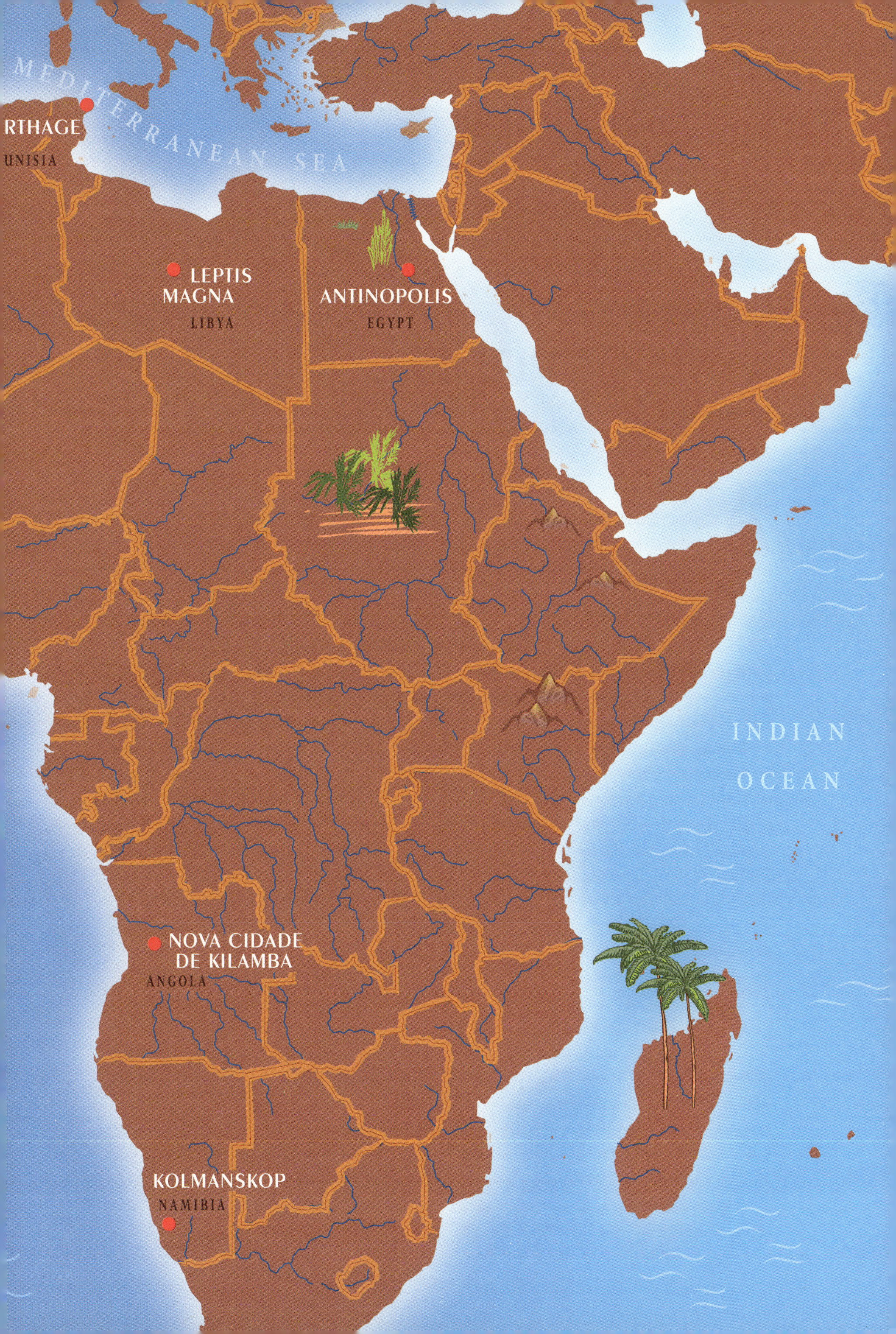
MEDITERRANEAN SEA
RTHAGE
UNISIA
LEPTIS MAGNA
LIBYA
ANTINOPOLIS
EGYPT
INDIAN OCEAN
NOVA CIDADE DE KILAMBA
ANGOLA
KOLMANSKOP
NAMIBIA

ÄGYPTEN • 27° 50' N, 30° 50' O

# ANTINOUPOLIS

## In memoriam

Am ersten Tag des Monats der Göttin Hathor, »im zweiten Jahr der zweihundertsechsundzwanzigsten Olympiade«, so schildert es Maguerite Yourcenar in *Die Erinnerungen des Kaisers Hadrian*, ertrinkt der schöne Antinoos, die große Liebe des Kaisers Hadrian, in den Fluten des Nil. Wir befinden uns im Herbst des Jahres 130, der Kaiser besucht gerade die römische Provinz Ägypten. Der Tag, an dem Antinoos ertrinkt, ist auch »der Jahrestag des Todes des Osiris, des Gottes des Sterbens«, der üblicherweise mit vielen Tränen und Klagegesängen begangen wird. War Antinoos' Tod ein Unfall? Oder Selbstmord? Der Überlieferung nach soll der schöne Jüngling sich geopfert haben, um seinen kaiserlichen Liebhaber vor einer düsteren Prophezeiung zu schützen. Das Drama spielte sich rund 500 Kilometer flussaufwärts von Alexandria ab, unweit eines »halbverlassenen Pharaonentempels«. Hadrian beschließt umgehend, den Tempel in eine »Wallfahrtsstätte für ganz Ägypten« zu verwandeln und ließ Antinoos – der mit Osiris gleichgesetzt wird »mit Spielen, Tänzen und Weihegaben« fortan als griechischen Gott verehren. Marguerite Yourcenar erzählt, wie Hadrian seine Architekten über die steinigen Hügel führt, ihnen seinen »Plan« erklärt, »die Führung der fünfundvierzig Stadien für die Außenmauer« und die Stelle für den Triumphbogen im Sand markiert.

*Eine Wallfahrtsstätte für ganz Ägypten*

So entstand die Stadt Antinoupolis, ein Denkmal für Osiris-Antinoos, den letzten der ägyptischen Götter, der im Römischen Reich bis zum Anbruch der christlichen Zivilisation verehrt wurde. Zölle auf Waren, die nach Rom gingen, machten die Stadt reich, die bis zu ihrer Zerstörung durch die Araber im Jahr 619 die wichtigste in Mittelägypten war, sich von ihrer Zerstörung aber nie mehr erholte. Und so blieb ein Dorf (heute El-Sheikh Ibada), vor dessen Toren die Gelehrten, die 1799 Napoleon auf seiner ägyptischen Expedition begleiteten, noch den beinahe unversehrten Triumphbogen und die hohe Säulenhalle eines Theaters bewundern konnten. Ein Jahrhundert später, als der Archäologe Albert Gayet den Ort erforschen wollte, war von Antinoupolis nichts mehr zu sehen. Die zerfallenen Steine hatte man einst für den Bau von Zuckerfabriken verwendet. In seinen Aufzeichnungen schildert er eine Stadt an »den Ufern des Nil direkt an die Wüste grenzend … In der Flussebene und der Wüste

MEDITERRANEAN SEA
ALEXANDRIA
PORT SAID
ISRAEL
CAIRO
NILE
SINAI
ANTINOPOLIS
LIBYAN
DESERT
RED SEA
NILE
NUBIA
EGYPT
LUXOR

zugleich gelegen, stellt sie [die Stadt] ein großes Parallelogramm dar, dessen Umriss man unter Sandhügeln, die sich an der Außenmauer gesammelt haben, noch erahnt. Zwischen jenem und der alten Befestigung erstreckt sich ein im Mittel einen Kilometer breites Trockengebiet, wo nichts auf das Vorhandensein antiker Grabstätten hindeutet.«

Fast 20 Jahre lang mühte sich der Archäologe mit großer Leidenschaft, aber auch mit chronisch knappen Mitteln, das »ägyptische Pompeji« dem Sand zu entreißen. Einen ersten Schlüssel für die Gunstbeweise des Kaisers Hadrian an Antinoos fand er in den Ruinen des berühmten Tempels von Ramses II., wo er die Inschrift Isis (Henti-nou-an) als Homonym deutete. Wenig später machte er eine weitere große Entdeckung, als er auf eine riesige Totenstadt mit ägyptischen, griechisch-römischen und christlichen Grabbauten stieß. Dort fand er eine Vielzahl mumifizierter Körper und einen unglaublichen Schatz an kostbaren Gewändern und Tuch aus byzantinischer Zeit. Gayet träumte davon, in Paris ein eigenes Museum für die Funde aus Antinoupolis einzurichten. Ihm ging es allerdings mehr um die romantische Inszenierung als um wissenschaftliche Genauigkeit. Er vermischte Orte und Epochen und dokumentierte seine Entdeckungen mehr schlecht als recht, zum Leidwesen der Forscher, die sich später mit den rund 40 Mumien sowie 5000 Objekten und Textilien befassten, die lange im Depot des Louvre geschlummert hatten. Erst 2003 nahmen italienische Archäologen die Forschungen vor Ort wieder auf, wo der Sand inzwischen erneut alle Spuren unter sich begraben hatte. Sie fanden nur noch wenige Tempel (darunter den des Ramses) und Mauerreste. Obwohl Gayets Aufzeichnungen verloren gegangen waren, mühten sich die Forscher, das Antinoupolis wiederherzustellen, wie es zu Beginn des 20. Jahrhundert gewesen war.

*Ein wahrhaft ägyptisches Pompeji, entstanden aus Sand.*

Ohne Grabungen vorzunehmen, nur mithilfe moderner Techniken wie Georadar und Magnetometrie, zeichneten sie 2012 einen präzisen Plan der Stadt. Dabei entdeckten sie unter anderem einen alten, verschütteten Anlegeplatz. Heute ist ihre Arbeit bedauerlicherweise durch die jüngsten politischen Ereignisse unterbrochen. Das Schicksal der Stadt, die ihre Geburt einer Tragödie verdankt, bleibt damit mehr als ungewiss.

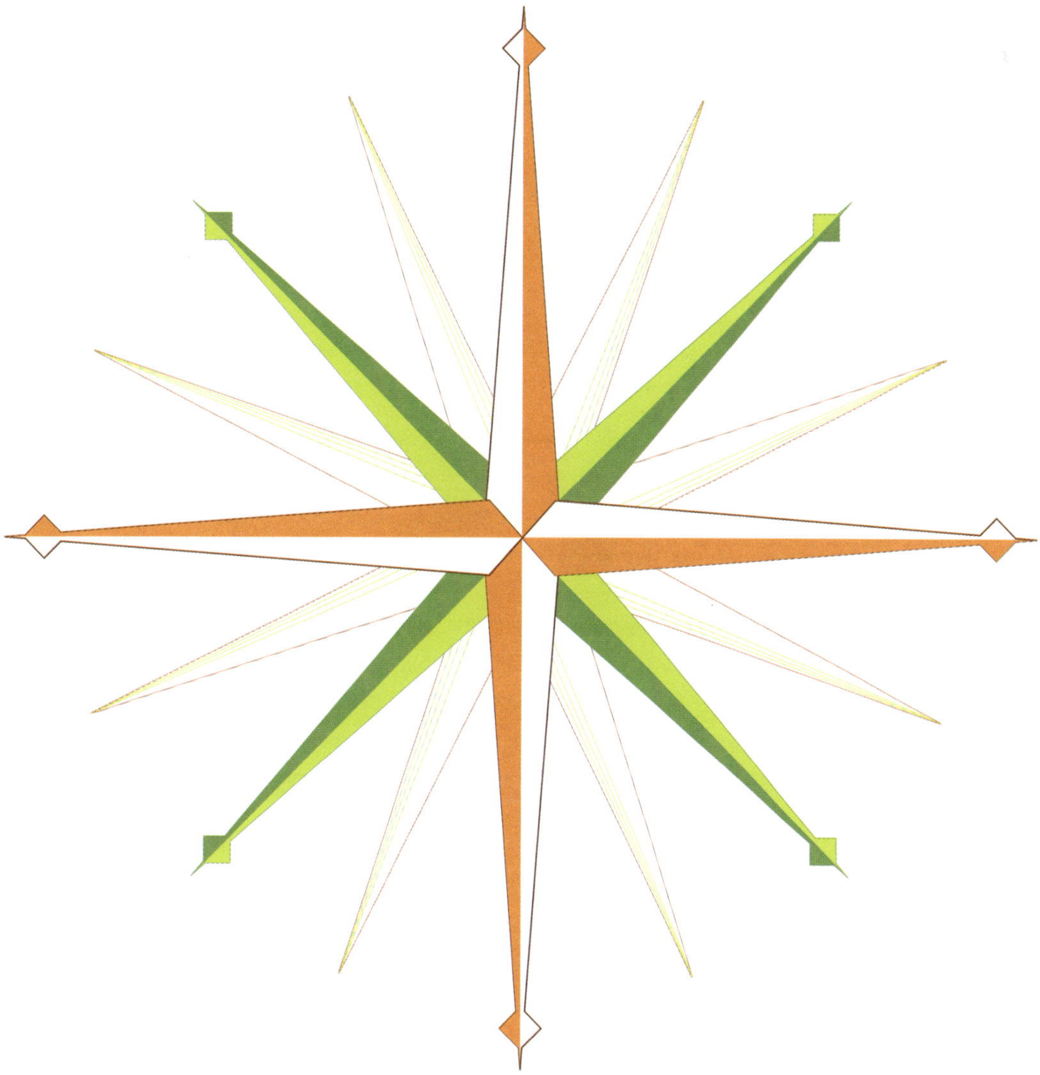

*Antinoupolis war bis zur Zerstörung durch die Araber im Jahr 619 die wichtigste Stadt in Mittelägypten.*

TUNESIEN • 36° 51' N, 10° 19' O

# KARTHAGO

## *Carthago delenda est*

»Karthago muss zerstört werden.« Dieser berühmte Satz, der Cato dem Älteren zugeschrieben wird, ist Ausdruck der wilden Entschlossenheit der Römer, ihre alte Rivalin zu vernichten. Die Überreste des antiken Karthago, die sich heute über das moderne Tunis verteilen, spiegeln nicht mehr die Macht der Stadt wider, die Rom einst die Stirn bot. Die wohl beste Vorstellung ihrer einstigen Größe erhält man durch die Werke von Flaubert. Er studierte zunächst die alten Texte und reiste dann nach Tunis, um sich einen unmittelbaren Eindruck zu verschaffen, ehe er dann *Salammbô* schrieb und den Aufstand der barbarischen Söldnertruppen schilderte, die die Karthager im Ersten Punischen Krieg eingesetzt hatten. Sein Stil mag zwar romanesk sein, die Fakten aber sind real und illustrieren das kriegerische Schicksal einer Stadt, die der Historiker Strabo einmal als ein »vor Anker liegendes Schiff« bezeichnet hat – ein zutreffendes Bild. Die 814 v.Chr. auf einer fast vollständig vom Meer und von einem See umschlossenen Halbinsel errichtete Stadt ist nur durch einen schmalen Streifen mit dem Festland verbunden. Der gängigsten These zufolge wurde Karthago von phönizischen Siedlern gegründet, die aus Tyr stammten und geschickte Schiffsführer sowie erfolgreiche Händler waren. Sehr bald wurde der junge Umschlagplatz dank des Seehandels so mächtig, dass er die Mutterstadt überflügelte. Von Tripolitanien aus dehnte sich Karthago ab dem 6. Jahrhundert v.Chr. unaufhaltsam zum Atlantik hin aus, erwarb dank seiner Kontakte zum Orient eine Sonderstellung und verbündete sich zuerst mit den Etruskern, später dann mit den Römern. Zwischen dem 5. und 4. Jahrhundert v.Chr., auf dem Höhepunkt ihrer Blüte, zählte die Stadt fast 400 000 Einwohner. Sie herrschte über die Meere und spielte in der gesamten antiken Welt eine herausragende Rolle im politischen, wirtschaftlichen und religiösen Leben. Rom war das ein Dorn im Auge. Bald wurde aus der Rivalin eine Todfeindin: Die Punischen Kriege zwischen 264 und 146 v.Chr. – es war die Zeit des genialen Strategen Hannibal – illustrieren den Konflikt, der seinen Höhepunkt mit der Belagerung von Karthago im Jahr 146 v.Chr. erreichte. Drei Jahre leistete die Stadt Widerstand, dann wurde sie von den Römern eingenommen und dem Erdboden gleichgemacht. Die Besatzer bauten sie wieder auf, und sie blieb bis zum Niedergang des Römischen Reichs ab der Mitte des 3. Jahrhunderts ein kulturelles und religiöses Zentrum sowie ein gelobtes Land zunächst für germanische und später, bis ins 7. Jahrhundert hinein, auch für byzantinische und arabische Eroberer. Heute ist vom einstigen Glanz der antiken Stadt nichts mehr geblieben. Der Blick über das von Bergen gesäumte Meer wird durch das moderne Tunis versperrt. Wer den antiken Handelsplatz wiederfinden möchte, sollte sich am besten in alte Karten vertiefen.

SEBKHET
ARINA
CARTHAGE
TUNIS
LAKE
OF TUNIS
GULF
OF
TUNIS
MEDITERRANEAN
SEA
RADÈS
FOREST

ALGERIEN • 36° 18' N, 5° 44' O

# DJÉMILA

## Die schöne Römerin

Für Albert Camus war Djémila, die Stadt im historischen Numidien, die perfekte Metapher des Todes, untrennbar verbunden mit dem Glanz der Welt. In *Hochzeit des Lichts* spricht er von der »düsteren Feierlichkeit dieses versteinerten Schreis, der Djémila heißt«, vom Wind, der »vom Horizont herbeieilte« und »sich in jähen Sprüngen zwischen die sonnenglühenden Trümmer warf… das riesige, zwischen Triumphbogen und Tempel gelegene Forum«. Die steil abfallende Landschaft in diesem Teil des Atlasmassivs passt zur Tragik, die die grandiosen Ruinen vermitteln.

Als der Herzog von Orléans hier 1839 Station machte, lag die Stadt noch unter Sand, und der Triumphbogen, den Camus erwähnt, war das einzige sichtbare Zeichen, das dem Herzog so sehr gefiel, dass er ihn nach Paris bringen lassen wollte. Dazu kam es nicht, immerhin aber wurden die Ruinen erstmals untersucht. Die ersten Ausgrabungen begannen ein Jahrhundert später. Nach und nach klärten die Archäologen die faszinierende Geschichte von Djémila auf. Die Stadt war nacheinander römisch, christlich, vandalisch und byzantinisch. Sie wurde um 96 n. Chr. gegründet, trug zunächst den numidischen Namen Cuicul. Bis zum 2. Jahrhundert kündete sie von der mächtigen Dynastie der Severer. Die lateinische Stadtkultur hatte sich in Djémila in einer gebirgigen Umgebung entfaltet, auf einem schmalen Bergsporn am Kreuzungspunkt der Straßen, die von Sétif nach Constantine und vom Meer ins Aurès-Gebirge führen. Folgt man heute den von Kolonnaden gesäumten gepflasterten Straßen, zeigt sich die Entwicklung von Djémila: nach Norden hin die erste Stadt, die um ein zentrales Forum herum gegen Vorstöße kriegerischer Stämme mit Festungsmauern bewehrt war; hinter der ersten Festungsmauer, in einen Hügel gebettet, lag ein zweites Forum, luxuriöse öffentliche Bäder und ein Theater mit 3000 Plätzen. Im 3. Jahrhundert lebten etwa 10 000 Menschen in der Stadt, und man kann sich heute noch recht lebendig vorstellen, wie sie zwischen ihren *domus,* den Tempeln und den beiden Markthallen wandelten. Im 4. Jahrhundert kam ein christliches Stadtviertel mit zwei Kirchen und einem runden Baptisterium hinzu, dessen Mosaike immer noch gut erhalten sind.

Das Ende von Cuicul bleibt rätselhaft: Brandspuren, zerschlagene Statuen sowie die Tatsache, dass man in den Ruinen keinerlei Edelmetalle gefunden hat, lassen vermuten, dass die Stadt geplündert wurde. Im 7. Jahrhundert war sie noch so eindrucksvoll, dass die muslimischen Neuankömmlinge ihr den Namen Djémila, »die Schöne«, gaben und ehrfurchtsvoll darauf verzichteten, an diesem Ort zu bauen. Die heutige Zeit nimmt weniger respektvolle Rücksicht, klagen algerische Historiker, die sich redlich mühen, Djémila vor dem alljährlich inmitten der Ruinen stattfindenden Musikfestival zu schützen.

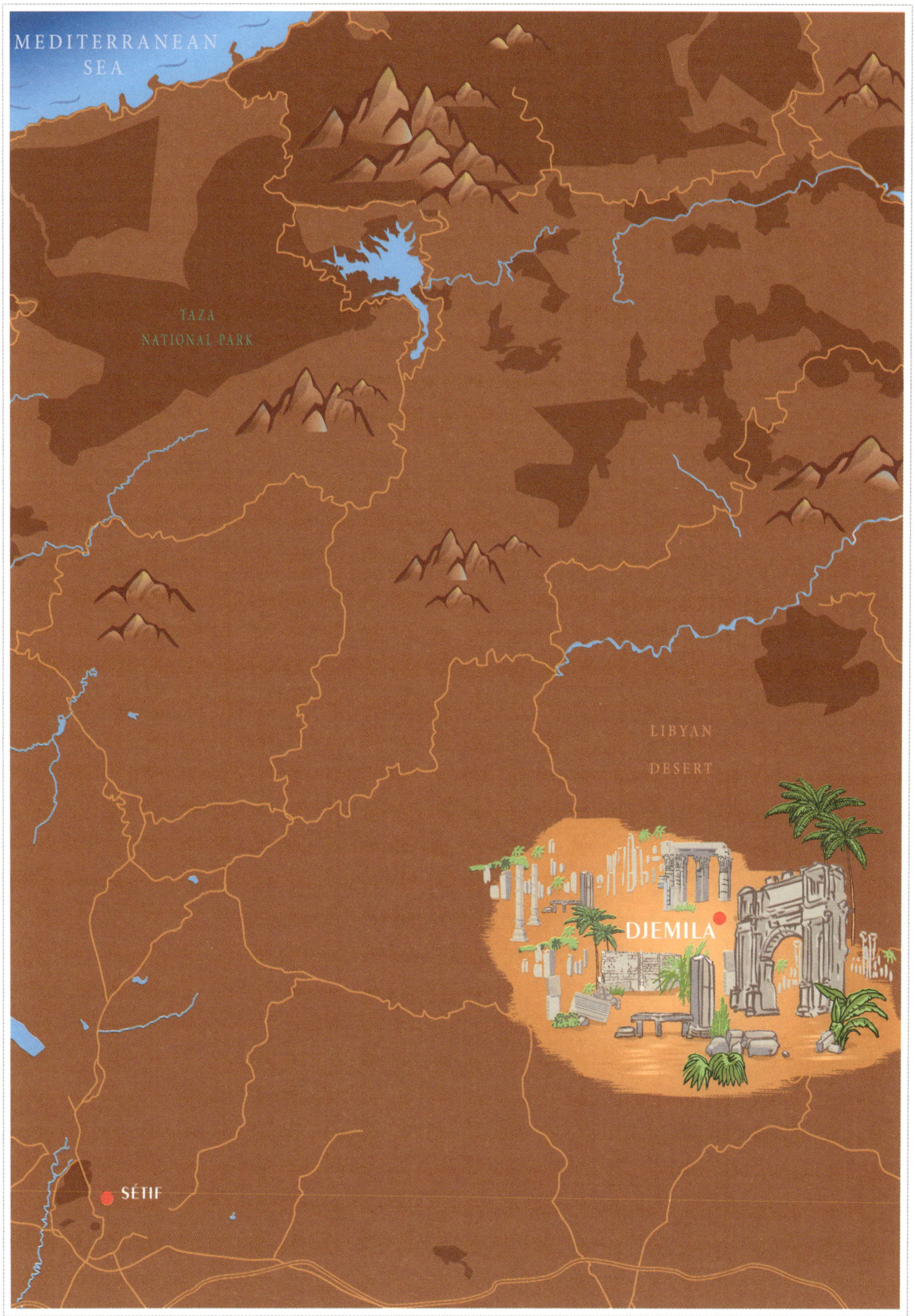

MEDITERRANEAN SEA
TAZA NATIONAL PARK
LIBYAN DESERT
DJEMILA
SÉTIF

NAMIBIA • 26° 41' S, 15° 14' O

# KOLMANSKOP

## Ein Grab aus Sand

Wer sich vor Geistern fürchtet, sollte nicht nach Kolmanskop (historisch *Kolmannskuppe*) kommen. Verängstigte Reisende behaupten, sie hätten durch die verlassenen Häuser, die jeden Tag ein Stückchen mehr im Sand versinken, Gespenster irren sehen. Kolmanskop, wenige Kilometer von der Hafenstadt Lüderitz entfernt, der einzigen bewohnten Stadt im Umkreis von 130 Kilometern, ist *die* Touristenattraktion in der Wüste Namib. Und das, obwohl Besucher eine Genehmigung benötigen, um in die Sperrzone zu gelangen, die sich, umschlossen vom Atlantischen Ozean, auf einer Fläche von 26 000 Quadratkilometern von der Stadt Oranjemund im Südwesten Namibias bis an die Grenze zu Südafrika erstreckt. Der Grund für die Abschottung ist rein ökonomisch: Der Boden birgt Diamanten. Kolmanskop verdankt seine Blüte den Diamanten – und die Diamanten waren letztendlich auch sein Niedergang.

1908, als das heutige Namibia noch ein deutsches Protektorat war und Deutsch-Südwestafrika hieß, fand ein schwarzer Eisenbahnarbeiter beim Bau der Eisenbahnlinie von Keetmanshoop nach Lüderitz einen recht auffälligen Stein, der sich bei näherer Betrachtung als Diamant entpuppte. Die Nachricht verbreitete sich wie ein Lauffeuer, und der große Ansturm setzte ein. Im allgemeinen Fieber schossen Häuser wie Pilze aus dem Boden, und innerhalb weniger Jahre entstand eine der reichsten Städte Afrikas – Kolmanskop.

*Die Diamanten brachten der Stadt ihren Reichtum – und ihren Niedergang.*

Es gab eine Eisenbahnverbindung nach Lüderitz, ein Casino, ein Theater, Schulen, ein Schwimmbad, zahlreiche Läden und ein großes Warenhaus, das den neuesten Berliner Chic im Angebot hatte. Das moderne Krankenhaus besaß als eines der ersten auf dem afrikanischen Kontinent einen Röntgenapparat. Erlesene Waren kamen aus Deutschland und Frankreich, und kostbares Trinkwasser, das unter kostspieligem Aufwand herangeschafft wurde, war in Kolmanskop teurer als Bier. Geld spielte keine Rolle. Die Straßen, so heißt es, wurden jeden Morgen gefegt, um sie vom allgegenwärtigen Wüstensand zu befreien, den der Wind stetig heranwehte. Kolonialherrschaft verpflichtet, und so waren alle Annehmlichkeiten und aller Komfort in diesem »Kleindeutschland« den Ingenieuren und leitenden Beschäftigten der deutschen Firma vorbehalten, die sich das Monopol auf den Diamantabbau gesichert hatte.

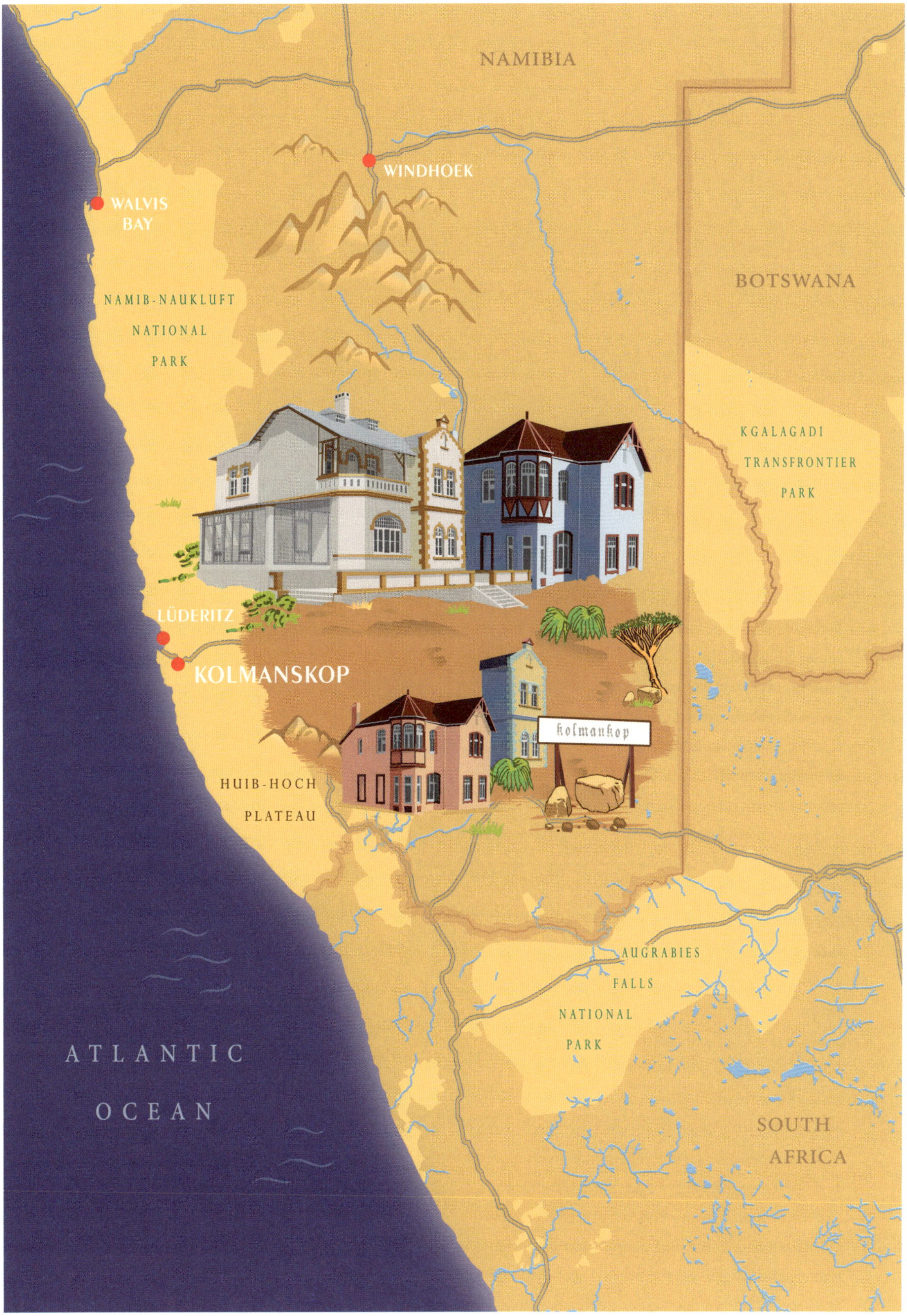

NAMIBIA
WINDHOEK
WALVIS BAY
NAMIB-NAUKLUFT NATIONAL PARK
BOTSWANA
KGALAGADI TRANSFRONTIER PARK
LÜDERITZ
KOLMANSKOP
kolmankop
HUIB-HOCH PLATEAU
AUGRABIES FALLS NATIONAL PARK
ATLANTIC OCEAN
SOUTH AFRICA

Schwere Arbeiten wurden von schwarzen Lohnarbeitern verrichtet, die mit ihren Familien in einer eigenen Siedlung lebten oder, wenn sie alleinstehend waren, in Schlafsälen untergebracht wurden. Nach dem Ersten Weltkrieg wurde Südwestafrika ein Mandatsgebiet unter der Verwaltung der Südafrikanischen Union. Für Kolmanskop, das in seiner Blütezeit in den 1920er-Jahren mehr als 1000 Einwohner gehabt hatte, davon fast 300 Europäer, begann der Niedergang. In der Region Oranjemund wurden neue Diamantvorkommen entdeckt, und sinkende Preise waren die Folge. Die einstige Perle in der Wüste verlor so schnell an Glanz, wie ihre Diamantvorkommen sich erschöpften. Immer mehr Bewohner zogen fort, die letzten 1956, als das Krankenhaus seine Pforten endgültig schloss. Fortan lag Kolmanskop im Dornröschenschlaf – bis 1990. In jenem Jahr beschlossen die namibische Regierung und der Diamantenkonzern De Beers, die in der Sperrzone weiterhin ungebremst Raubbau an Bodenschätzen betreiben, die Geisterstadt zur Touristenattraktion zu machen – eine kluge Idee: Häuser, die aus den Dünen wachsen, bunte, von der Sonne gebleichte Holzfassaden, Innenräume voller Sand – all das lockt scharenweise Besucher an. Geschulte Reiseführer erzählen den Touristen die Geschichte der Stadt, und das kleine Museum, das im ehemaligen Casino eingerichtet ist, verkauft Edelsteine als Souvenir. So floriert erneut das Geschäft in Kolmanskop. Doch obwohl das Leben zurückgekehrt ist, hinterlässt Kolmanskop einen eigentümlichen Eindruck. Manche Wohnungen sind restauriert und neu möbliert, ganz so, als seien ihre Bewohner eben erst fort; sie zeigen die für die wilhelminische Epoche typische elegante und zugleich funktionelle Bauweise. Andere Wohnungen sind noch so, wie ihre Bewohner sie verlassen haben, und nur der Zahn der Zeit und der Sand der Wüste haben seither daran genagt. Ursprüngliche Tapeten und Malereien sind noch vorhanden, ebenso Bäder und Küchen, in den Geschäften stehen Ladentheken und in den Werkstätten Maschinen. Die Stadt wirkt, als wäre sie in einer anderen Zeit eingefroren worden. Dem Charme, den diese Ästhetik des Chaos verströmt, kann man sich nur schwer entziehen.

*Ab 1956 zogen die Bewohner nach und nach fort, und die Stadt versank im Vergessen, während der Zahn der Zeit und der Sand der Wüste an ihr nagten.*

*Die Regierung von Namibia hat aus der Sperrzone eine Touristenattraktion gemacht.*

LIBYEN • 32° 37' N, 14° 18' O

# LEPTIS MAGNA

## Rom am Rand der Wüste

In Leptis Magna, etwa 125 Kilometer östlich von Tripolis, nahe der Stadt al-Chums, erscheinen die Unruhen, die Libyen derzeit erschüttern, weit weg.

Viele Jahrhunderte lang war diese von den Phöniziern gegründete Stadt genauso mächtig wie Karthago und Alexandria. Ihre Macht verdankte sie einem ihrer Söhne, Kaiser Septimus Severus. Den Beinamen Magna (die Große) bekam sie zur Unterscheidung von Leptis Minor (die Kleine) in Tunesien. Mit ihrem großartigen Hafen war Leptis Magna eine der wichtigsten römischen Kolonien an der Mittelmeerküste. Sie war von der Bodensteuer ausgenommen, ein außerordentliches Privileg in der römischen Zeit, und ihr Boden war so viel wert wie Land in Italien. Unter Septimus Severus, der im Jahr 193 n. Chr. Kaiser wurde, erhielt Leptis Magna prächtige Bauten, die den Glanz eines Reichs auf dem Höhepunkt seiner Macht widerspiegelten. Bis ins 3. Jahrhundert blieb die Stadt berühmt, dann begann ihr langsamer Niedergang, den Einfälle von Maurenvölkern ein Jahrhundert später beschleunigten. Als im 5. Jahrhundert die christlich römische Welt auseinanderfiel, wurde Tripolitanien von den Vandalen unter König Geiserich überrannt, der bald schon über ganz *Africa* herrschte und die Verwaltung neu organisierte. In seinen neuen Gesetzen bewahrte er das römische Recht, und nach der Eroberung von Leptis Magna machte er Karthago zu seiner Hauptstadt. 534 endete das Königreich der Vandalen, als oströmische Truppen ganz Nordafrika zurückeroberten. Leptis Magna wurde wieder Hauptstadt von Tripolitanien. Sie wurde mit Mauern befestigt, obgleich sie menschenverlassen war. Geschwächt nach der Eroberung durch die Vandalen und durch arabische Überfälle, wurde sie aufgegeben, nur der Hafen und das alte Forum blieben bestehen. 642 schafften es die Byzantiner nicht mehr, den Arabern standzuhalten. Es war das Ende einer Welt: Die römische Zivilisation hatte Afrika endgültig verlassen, die nomadische Lebensweise kehrte zurück, und die Überreste von Leptis Magna versanken im Sand. Die ehemalige Hauptstadt jedoch sollte wiederauferstehen, wenn auch in befremdlicher Weise. Im 17. Jahrhundert weckten Marmorblöcke, die man verstreut an der antiken Stätte gefunden hatte, allerlei Begehrlich-

*Viele Jahrhunderte lang war Leptis Magna genauso mächtig wie Karthago und Alexandria.*

MEDITERRANEAN
SEA
KHOMS
LEPTIS MAGNA

keiten. Der französische Konsul in Libyen, der Diplomat Claude Lemaire, kannte keine Skrupel und begann einen Handel in großem Stil: Die Blöcke wurden hastig abtransportiert und nach Malta, Konstantinopel, London und Paris verschifft. Dort wurden sie zersägt und zu den großen Baustellen der damaligen Zeit gebracht. Den Altar in der Kirche Saint-Germain-des-Prés in Paris oder auch den Lettner der Kathedrale von Rouen schmücken vollständige Säulen aus Leptis Magna. In England wurde mit Säulen und Stürzen, die der damalige Regent, der spätere König Georg IV. 1816 als Geschenk erhalten hatte, ein römischer Tempel erbaut. Danach verstaubten die Ruinen im British Museum, bis Sir Jeffry Wyatville sie zehn Jahre später im Park von Schloss Windsor aufstellen ließ. Ab 1920 begannen italienische Archäologen (Nordafrika war seit 1911 italienische Kolonie) schließlich mit wissenschaftlich fundierten Ausgrabungen. Ein Detail am Rande: Der vergangene Ruhm der antiken Stadt bewog Mussolini, sie zu besichtigen, und er besuchte sie sogar zweimal, 1926 und 1937. Fotografien zeigen den Duce, wie er vor den Säulen steht, die Hände in die Hüften gestemmt, und die römische Zivilisation als »unser Vorbild« bewundert – so kann Archäologie der Politik dienen.

Nach dem Ausruf der Unabhängigkeit 1951 ließ Libyen weitere ausländische Archäologen ins Land und bildete zugleich eigene Landsleute für den Umgang mit dem nationalen Erbe aus: Die Entdeckung von Ölvorkommen Ende der 1950er-Jahre hatte die junge Republik reich gemacht.

*Leptis Magna galt bis ins 3. Jahrhundert als das »afrikanische Rom«.*

Leptis Magna ersteht in all seinem Glanz: Etliche Bauwerke säumen die gepflasterten Straßen – ein außerordentliches Amphitheater (das größte in ganz Nordafrika), der Serapistempel, der reich verzierte Triumphbogen des Septimus Severus, die Villa Silin (ein luxuriöses Landhaus mit Meerblick) – sowie Lagerhäuser und Werkstätten am Markt, die vom regen wirtschaftlichen Treiben zur Römerzeit künden.

2011 bat die Generaldirektorin der UNESCO, Irina Bokowa, die in Libyen kämpfenden Soldaten, die antike Stadt zu verschonen, die seit 1982 auf der UNESCO-Liste des Weltkulturerbes steht, damit eines Tages, wenn der Frieden zurück ist, das Rom Afrikas seine Geschichte wieder erzählen kann. Bis heute wird ihr Appell respektiert.

## DAS GOLDENE ZEITALTER

Seit jeher symbolisierten einzelne Städte das Goldene Zeitalter von Zivilisationen, etwa der muslimischen, chinesischen, indischen oder auch der griechisch-römischen, die Leptis Magna hervorbrachte. In der Stadt Uruk in Mesopotamien aus dem 4. Jahrhundert v. Chr. wurden sehr wahrscheinlich die vollplastische Bildhauerei und die Schrift erfunden. Zumindest hat man dort die frühesten Spuren gefunden. In Indien künden die Edikte des Ashoka (304–232 v. Chr.), dem dritten Kaiser aus der Maurya-Dynastie, von der gewaltlosen Herrschaft des Mannes, der den größten Teil des indischen Subkontinents eroberte und dann zum Buddhismus konvertierte. Im 2. Jahrhundert n. Chr. machten die Karawanen, die Indien und das Römische Reich verbanden, in Palmyra halt. Die Oase mitten in der syrischen Wüste verdankte ihren Reichtum dem Handel, der sich nach dem Fall von Petra hierhin verlagert hatte. China war zur Zeit der Song-Dynastie (vom 10. bis zum 13. Jahrhundert) mit seiner Hauptstadt Hangzhou das Drehkreuz für den Handel zwischen Afrika und Eurasien, was die Bedeutung des Westens in der Geschichte relativiert.

ANGOLA • 8° 50' S, 13° 16' O

# CIDADE DO KILAMBA

## Eine bessere Zukunft

Wem soll man glauben? Den ausländischen Journalisten, die im Internet ausführlich zitiert werden mit ihren Berichten über das angebliche Scheitern eines pharaonischen Projekts? Oder dem Bürgermeister von Kilamba, der im September 2013 erklärte, alle Wohnungen in der Stadt seien verkauft. Und, so fügte er hinzu, die Stadt werde bis 2015 zwischen 60 000 und 70 000 Einwohnern haben, mit dem Fortgang der Bauarbeiten möglicherweise auch mehr. Vielleicht liegt die Wahrheit irgendwo dazwischen. Allerdings könnte man auch noch ganz andere Motive vermuten hinter den Aussagen all jener, die behaupten, Kilamba sei nichts weiter als eine Geisterstadt. Denn diese rund 30 Kilometer von der angolanischen Hauptstadt Luanda entfernt aus dem Boden gestampfte Stadt trägt eine Erbsünde: Sie wurde komplett von einem chinesischen Staatsunternehmen erbaut, der CITIC (China International Trust and Investment Corporation) – ein Makel in einem Land, dessen Handelspartner traditionell und mehrheitlich Europäer sind, die nun erbost darüber sind, dass ihnen das Baugeschäft wegbricht, ein nach einem jahrelang wütenden Bürgerkrieg gewinnträchtiges Geschäft. Während es Luanda, die größte Stadt des Landes, noch immer nicht geschafft hat, ihren riesigen Slum-Gürtel zu beseitigen, verteidigt das Regime von Präsident José Eduardo Dos Santos dieses Projekt, das eine kühne Finanzierungskonstruktion beinhaltet, mit Zähnen und Klauen: Die Baukosten in Höhe von 3,5 Milliarden Dollar finanziert Angola, das reiche Erdölvorkommen besitzt, vollständig aus dem Geschäft mit Öl. Seit 2010 ist Angola vor Saudi-Arabien Chinas wichtigster Öllieferant. Die Kritiker der neuen Stadt monieren die Preise der Wohnungen, die zwischen 120 000 und 200 000 Dollar kosten, eine unvorstellbare Summe in einem Land, in dem zwei Drittel der Menschen von weniger als zwei Dollar pro Tag leben … Zugegeben, zurzeit sieht Kilamba mit den symmetrisch aufgereihten Wohnblöcken, die sich kilometerlang durch eine seelenlose Landschaft ziehen, wenig einladend aus. Das fängt schon mit der vollkommen fehlenden Vegetation an. Einzig die Rasenflächen zwischen den Häusern bringen ein bisschen Farbe in die Ansammlung riesiger Legobauten, alle strahlend weiß und mit leicht geneigten Dächern, die man aus der Ferne für Papierfaltkunstwerke halten könnte. Gleichzeitig muss man anerkennen, dass diese moderne Stadt – die bald auch Grundschulen, Sportstadien und Parks, Einkaufszentren und Krankenhäuser bekommen soll sowie Wohnungen mit fließend Wasser – in diesem so lange gequälten Land für die Menschen dort, die sich nach Fortschritt sehnen, auch eine Verheißung sein kann. Noch ist dies keine verlorene Stadt. Auf dieser Baustelle gehen keine Gespenster um, vielmehr weht dort weiterhin die Hoffnung auf eine bessere Zukunft.

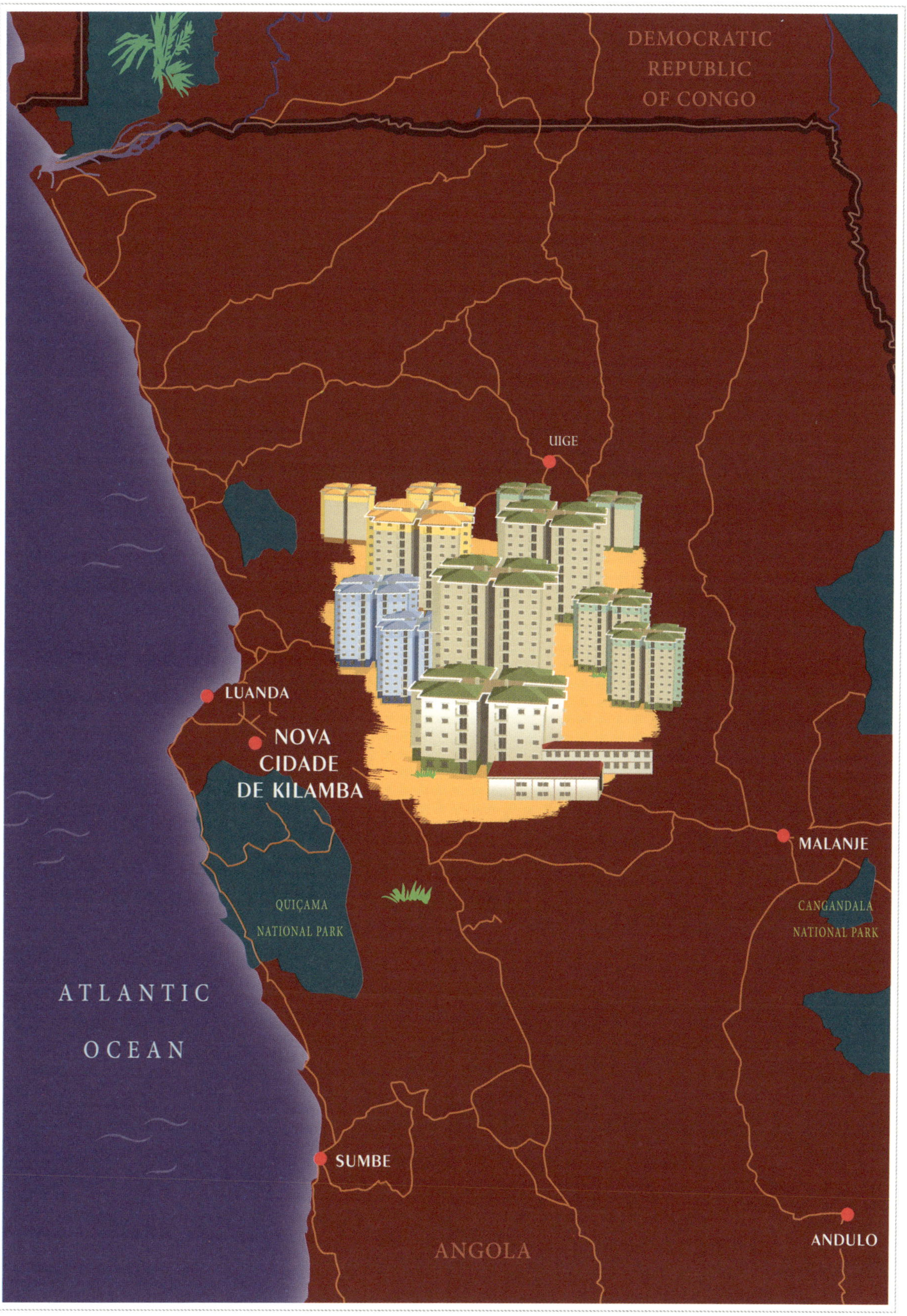
DEMOCRATIC
REPUBLIC
OF CONGO
UIGE
LUANDA
NOVA
CIDADE
DE KILAMBA
MALANJE
QUIÇAMA
NATIONAL PARK
CANGANDALA
NATIONAL PARK
ATLANTIC
OCEAN
SUMBE
ANDULO
ANGOLA

ARCTIC
OCEAN
GREENLAND
ALASKA
ATLANTI
OCEAN
HUDSON
BAY
GAGNON
CANADA
BANNACK
UNITED STATES
CENTRALIA
RHYOLITE
CALICO
GULF
OF
MEXICO
CARIBBEAN
SEA
PACIFIC
OCEAN

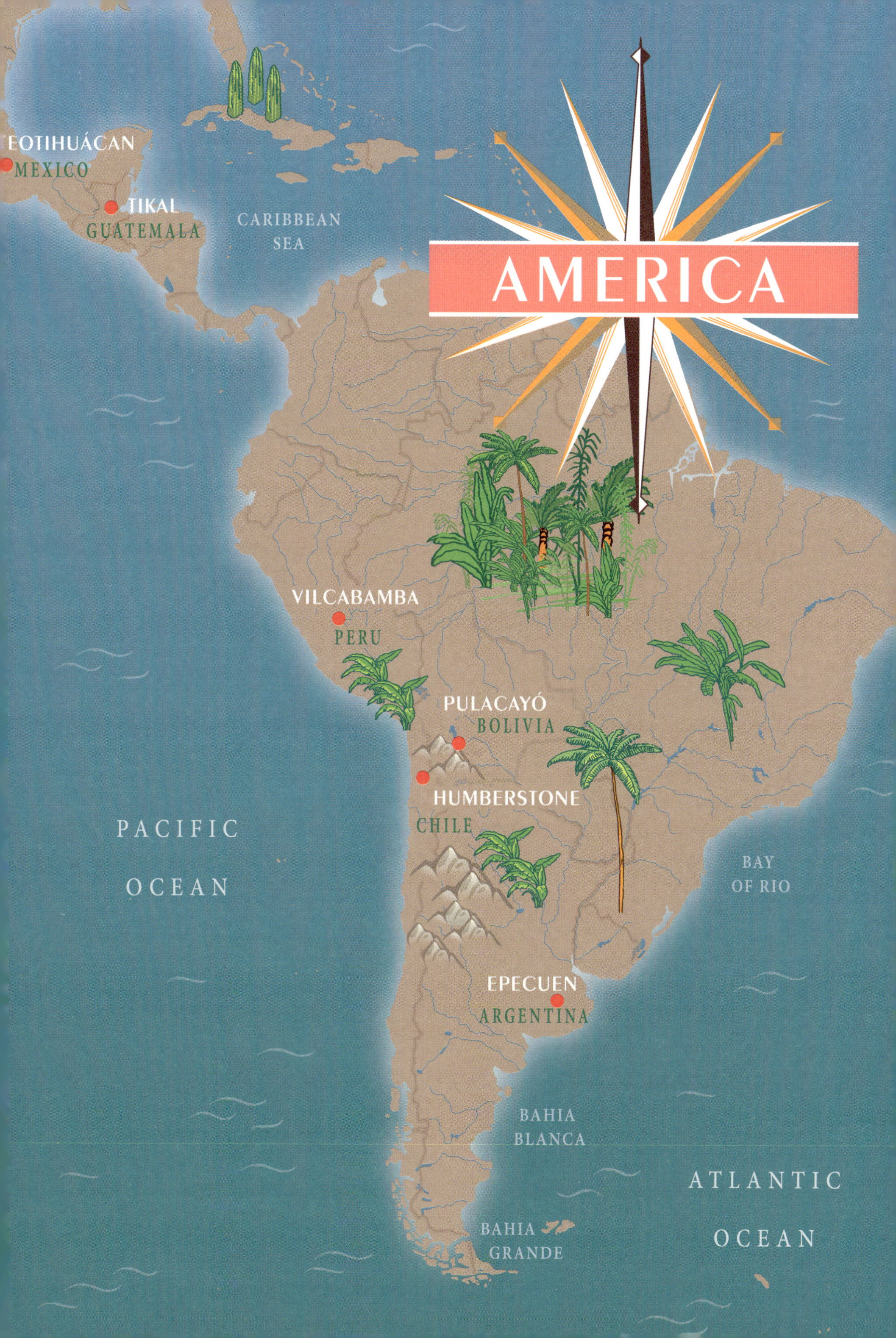

AMERICA
EOTIHUÁCAN
MEXICO
TIKAL
GUATEMALA
CARIBBEAN SEA
VILCABAMBA
PERU
PULACAYÓ
BOLIVIA
HUMBERSTONE
CHILE
PACIFIC OCEAN
BAY OF RIO
EPECUEN
ARGENTINA
BAHIA BLANCA
ATLANTIC OCEAN
BAHIA GRANDE

VEREINIGTE STAATEN • 45° 09' N, 11° 59' W

# BANNACK

## Western-Ambiente

Jedes Jahr im Juli feiert der Wilde Westen, wie wir ihn mit seinem Glanz und seinen Abenteuern aus dem Kino kennen, in der einstigen Hauptstadt Montanas seine Auferstehung. Hier können Nostalgiker während der »Bannack Days« bei Countrymusik und Kostümparaden die Atmosphäre einer typischen Kleinstadt aus der Zeit des berühmten Goldrausches nachempfinden.

Die Gründung von Bannack am Fuße der Pioneer Mountains folgte 1862 auf die Entdeckung einer besonders großen Goldmine, die neben Minenarbeitern sehr bald Scharen von Abenteurern anzog. Nachdem die angestammten Bannack-Indianer vertrieben waren, denen die Stadt ihren Namen verdankt, schossen in rascher Folge Hotels, Geschäfte, Schmieden, Pferdeställe, Restaurants und Saloons aus dem Boden. 1864 wird Bannack zur Hauptstadt von Montana. Aber die Stadt trägt schwer an ihrem einzigen großen Nachteil: Ihre Einkünfte schöpft sie ausschließlich aus der Mine. In den letzten Jahren des 19. Jahrhunderts versiegt die Goldader allmählich, die Produktion geht zurück, und der unwiderrufliche Niedergang der Stadt ist eingeläutet: Die Unternehmer beschließen, den Abbau vor Ort zu beenden und bringen die Einwohner dazu, Bannack nach und nach zu verlassen und sich in anderen Städten Montanas anzusiedeln – in Virginia City beispielsweise, das zur neuen Hauptstadt der Region wird. Postamt, Schule, Geschäfte und Saloons schließen in den 1940er-Jahren nacheinander. Die einstige Minenstadt wird zur Geisterstadt, bis man sie dem Bannack State Park angliedert und ihr Schicksal mit dem Eintreffen der Touristen eine Wende erfährt.

Heute kommen viele Besucher, um die ungefähr 60 Blockhäuser zu besichtigen, die von der alten Hauptstadt geblieben sind. Ein Spaziergang durch die Straßen zeigt, dass die Häuser dem Zahn der Zeit recht gut standgehalten haben. Schaufenster, Ladenschilder und manch eine bunte Fassade zeugen von der einst so geschäftigen Stadt. Wenn die Touristen gegangen sind, bedarf es nur ein paar weniger Klänge von Ennio Morricone, und schon fühlt man sich in Bannacks große Zeit versetzt. Und wer weiß, vielleicht sind einige Häuser nicht ganz verlassen, vielleicht kommen ein paar der Persönlichkeiten von damals gleich um die Ecke: etwa die starke Rose, Wirtin des großen Saloons, die mit fester Faust ihr Brennholz hackt; die schöne Mary und der betörende John Smith, ein unglückliches Liebespaar, das 1908 in einem Zimmer des Grand Hotel Selbstmord beging; Henry Plummer, der gefürchtete Sheriff, der kurzum jeden um die Ecke brachte, der seinen dunklen Geschäften in die Quere kam – 22 Morde wurden ihm zugeschrieben. Auf der knarzenden Stiege, die zu seinem Büro führt, beschleicht einen die Furcht, er könnte im nächsten Moment erscheinen. Aber, ach, die Tapete hängt in Fetzen herab und die Fensterscheiben sind schmutzig.

BEAVERHEAD
BANNACK
YELLOWSTONE LAKE
YELLOWSTONE NATIONAL PARK
IDAHO FALLS
SNAKE RIVER
MONTANA
BLACKFOOT

VEREINIGTE STAATEN • 36° 12' N, 92° 13' W

# CALICO

## Erlebnispark

An einer Straße aus gestampfter Erde schlängeln sich Häuser mit Bretterwänden entlang. Ladenschilder aller Art zieren schiefe Fassaden, und vor dem geistigen Auge tauchen Bilder auf von Pferden, die vor den breiten Holzveranden auf ihre Besitzer warten: Die Kulisse von Calico wirkt wie eine Szenerie aus den Lucky-Luke-Comics oder den Westernfilmen mit John Wayne – wie ein Nachruf auf all jene Städte, die als ein verheißungsvolles, neues Eldorado rasch entstanden und ebenso rasch wieder verschwanden. Hier, 200 Kilometer von der kalifornischen Küste entfernt, am Ausgang eines schmalen Canyons inmitten der Wüste, war es die Jagd nach Silbererz, die die Menschen anzog. 1881 wird die erste Ader entdeckt. Sechs Jahre später zählt Calico 1 200 Einwohner und 500 Minen. Die Stadt floriert und hat bald jede erdenkliche Annehmlichkeit zu bieten: Hotels, Geschäfte, Kapellen und sogar eine Zeitung – den Calico Print –, dazu 22 Saloons und fast ebenso viele Bordelle. Doch 1890 bricht der Kurs für Erz ein, und die Pioniere packen umgehend ihre Koffer. Egal: In weniger als zehn Jahren haben sie rund 86 Millionen Dollar verdient! Es folgten ein paar ruhige Jahre, in denen Calico mit der Gewinnung von Borax – das man zur Herstellung von Kunstdünger, Seifen oder Fotografien benötigt – leidlich über die Runden kommt, bis die Stadt 1907 endgültig aufgegeben wird. Weiter nördlich hatte man neue Boraxvorkommen entdeckt …

Zur Geisterstadt wurde Calico dennoch nicht, es durchlief vielmehr ein zweites Leben: Ein gewisser Walter Knott, Farmer aus dem Umland von Los Angeles, hatte in den 1920er-Jahren großen Erfolg mit dem Straßenverkauf von Boysenbeeren – einer Kreuzung aus Brombeeren und Himbeeren, an deren Verkauf er das Exklusivrecht besaß. Auf der Welle des Erfolges eröffnet der Farmer ein Restaurant, in dem seine Frau die berühmten kleinen Beeren in verschiedenen Gebieten anbietet. Um die Kunden zu unterhalten, die in langen Schlangen anstehen, kommt Knott auf die originelle Idee, sein Restaurant um eine Wildwestkulisse zu bereichern. Rings um sein Restaurant stellt er originale Häuser auf, die er aus den umliegenden Geisterstädten herbeischaffen lässt, und holt sich Teile für die Dekoration aus Calico selbst.

> *Calico wurde zur »offiziellen Geisterstadt des Silberrauschs« ernannt.*

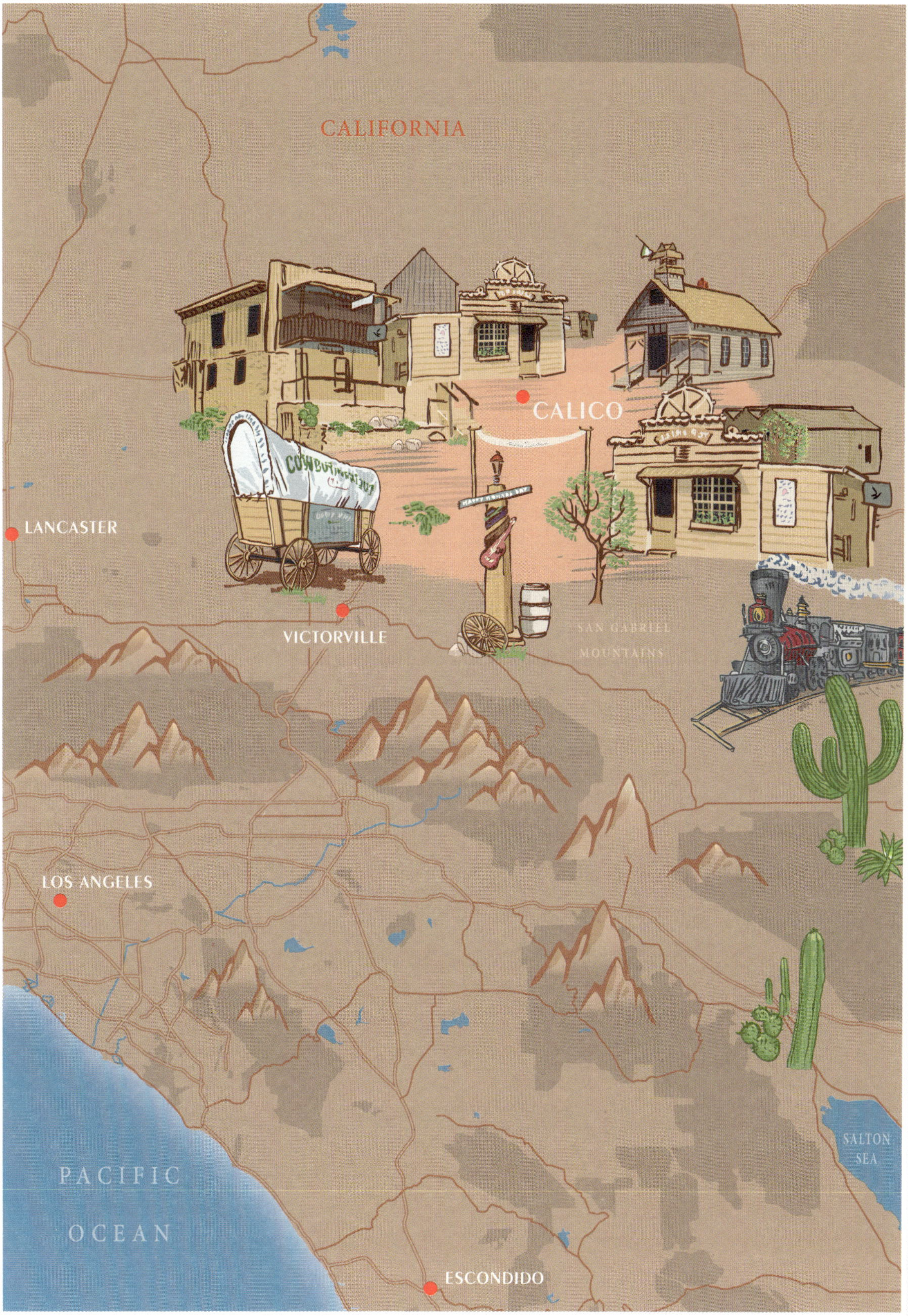
CALIFORNIA
CALICO
LANCASTER
VICTORVILLE
SAN GABRIEL
MOUNTAINS
LOS ANGELES
PACIFIC
OCEAN
SALTON
SEA
ESCONDIDO

In den 1950er-Jahren floriert das Unternehmen und hat sich, noch immer in Familienbesitz, unter dem Namen Knott's Berry Farm zu einem echten Erlebnispark entwickelt (ein gewisser Walt Disney ließ sich hier teilweise für eigene Pläne inspirieren). Inmitten von Karussells war die Geisterstadt rund um den Calico-Platz und den Saloon zu neuem Leben erwacht. Und so fassen die Knotts den Plan, auch das echte Calico wieder herzustellen, in dem noch etwa ein halbes Dutzend Gebäude erhalten ist. Von 1951 an beginnt die Familie anhand von Fotografien aus jener Zeit, Calico originalgetreu wieder aufzubauen: Das Büro des Sheriffs, das Kaufhaus, die schmucke Schule, die wie aus der Serie *Unsere kleine Farm* entsprungen scheint, das Feuerwehrhaus mit seiner Glocke und der originalen, von Pferden gezogenen Feuerspritze – alles wird an ursprünglicher Stelle wieder errichtet. Die findigen Knotts eröffnen immer neue Restaurants und Souvenirläden und ergänzen sie um Attraktionen, die sie von Knott's Berry Farm übernehmen: ein Glasflaschenhaus (inspiriert von Rhyolite in Nevada, einer weiteren Geisterstadt) –, oder das Mystery Shack, ein Haus der optischen Täuschungen, in dem Zerrspiegel die Welt aus den Fugen heben und Wasser aufwärts fließt. Auch das alte »Feuerross« wird von den Knotts durch einen Nachbau ersetzt. Eine 500 Meter lange Schienenstrecke führt die Besucher durch die Berge, wo sie eine Silbermine erkunden können. Die Kulissen sind originalgetreu nachgebaut: Hie und da beleben alte Karren und bunte Gips-Cowboys die Szenerie, und zu festgesetzten Zeiten inszeniert man Prügeleien und Pistolenduelle. Und ganz nebenbei werden Autofahrer auf dem nahe verlaufenden Highway von Los Angeles nach Las Vegas mit einem Schriftzug in riesigen Lettern auf den Ort hingewiesen.

Im Jahr 2005 ernannte der Gouverneur von Kalifornien Calico zur »offiziellen Geisterstadt des Silberrauschs«; sie gilt, trotz ihres kommerziellen Aspekts, als eines der authentischsten Überbleibsel aus jener großen Zeit. Manch einen Besucher der Stadt mag das Erlebnispark-Ambiente stören. Eingeweihte lassen den Park links liegen, fahren gleich höher hinauf in die Berge, ins Herz der wilden Canyons – und zumindest die haben sich seit der Erschließung des Westens kaum verändert.

*Die Kulisse von Calico wirkt wie eine Szenerie aus den Lucky-Luke-Comics oder den Westernfilmen mit John Wayne.*

## DER GOLDRAUSCH

Neben der Hoffnung auf das schnelle Geld beschleunigte auch der technische Fortschritt im 19. Jahrhundert, insbesondere in den Bereichen Kommunikation und Transport, die Entstehung von Städten wie Calico, die aufgrund von Gold-, Silber- oder anderen Erzfunden einen raschen Aufstieg erlebten. Von Nordamerika bis Afrika und Australien bot sich stets das gleiche Bild: Kaum dass eine neue Lagerstätte gefunden war, verbreitete sich die Nachricht wie ein Lauffeuer, und zog scharenweise Wanderarbeiter an, die per Schiff oder Eisenbahn – der bahnbrechenden Erfindung jener Zeit – an den Minenorten eintrafen. Binnen weniger Monate wurden, oft gewaltsam, provisorische Städte mit der nötigen Infrastruktur für das Gemeinschaftsleben aus dem Boden gestampft. Nicht selten lagen sie in schwer zugänglichen Regionen und boten den angereisten Minenarbeitern und ihren Familien äußerst prekäre Lebensbedingungen. Sobald sich das Vorkommen erschöpfte, verschwanden diese Städte auf ebenso anarchische Weise, wie sie entstanden waren. Der eine oder andere dieser Glücksritter machte ein Vermögen, die meisten aber kehrten kaum reicher in die Heimat zurück, als sie gekommen waren.

VEREINIGTE STAATEN • 40° 48' N, 76° 20' W

# CENTRALIA

## Verbrannte Erde

Ein Feuer, das seit über 50 Jahren niemand zu löschen imstande ist. Das klingt unglaublich, ist aber wahr! Seit einem schönen Tag im Mai 1962 setzt ein unterirdisches Kohlefeuer der Kleinstadt Centralia im US-Bundesstaat Pennsylvania schwer zu. Damals entzündeten Gemeindearbeiter bei Aufräumarbeiten zu den Vorbereitungen für den Memorial Day – dem Gedenktag für die für die Heimat gefallenen Amerikaner – die Mülldeponie. Leichtsinn oder Dummheit? Keiner bemerkte zunächst, dass das Feuer sich in die Stollen der Kohlemine hineinfraß, die weitverzweigt unter der Stadt liegt. Das unheilvolle Schicksal Centralias war besiegelt, das bereits an einem Sonntag Ende des 19. Jahrhunderts vorausgesagt worden sein soll: Erzürnt über das sündige Leben seiner Gemeindemitglieder soll ein Priester prophezeit haben, dass die gesamte Stadt, mit Ausnahme von Kirche und Friedhof, dereinst in Flammen aufgehen werde. Sein Zorn fand offenbar Gehör: Von Centralia sind heute nur eine Kirche, vier Friedhöfe und ein städtisches Gebäude übrig geblieben, in dem ein Fahrzeug der Feuerwehr steht – für alle Fälle …

*Die Geschichte von Centralia diente als reales Vorbild für die Videospieleserie »Silent Hill«.*

In der 1866 nach der Entdeckung eines unterirdischen Kohlevorkommens gegründeten Arbeiterstadt drehte sich einst alles um die Mine: Centralia besaß weder große Denkmäler noch spektakuläre Bauten, nur ein paar einfache Häuserzeilen, die sich entlang zweier Hauptstraßen zogen, daneben zwei Kirchen, Geschäfte, einen Bahnhof, ein Baseballfeld, Schulen und einige öffentliche Gebäude. Ein Ort, wie es in den Vereinigten Staaten viele gibt, ohne besonderen Charakter, aber Schauplatz des täglichen Lebens für mehrere hart arbeitende Generationen: In Centralia lebten vor allem Immigranten aus Irland, Polen und der Ukraine in friedlichem Einvernehmen – bis zum Tag der Katastrophe, dem Anfang vom Ende. Nachdem das unterirdische Feuer zunächst unbemerkt geblieben war, gab es im Laufe der Zeit immer mehr bedrohliche Vorfälle. Das Feuer erlosch einfach nicht, es breitete sich vielmehr weiter aus, riss den Boden auf und stieß aus breiten Erdspalten große Mengen Kohlenmonoxid in die Luft, einen giftigen Qualm, der direkt aus der Hölle zu kommen schien. Geplagt vom unerträglichen Gestank,

SUSQUEHANNA RIVER
DAMVILLE
CENTRALIA
PENNSYLVANIA

der dem unterirdischen Flammenmeer entstieg, verließen immer mehr Bewohner die Stadt. Viele aber blieben, nicht zuletzt auch in Ermangelung anderer Perspektiven. 1981 kam es zu einer beinahe tödlichen Katastrophe: Der Boden unter den Füßen eines Jungen brach plötzlich ein, und er rutschte hinab in einen breiten Spalt. Gemeindevorsteher und Bundesbehörden fassten daraufhin den gemeinsamen Beschluss, die noch verbliebenen rund 1000 Bewohner der Stadt vollständig zu evakuieren. Ein Gebäude nach dem anderen wurde abgerissen – auch die katholische Kirche des prophetischen Priesters von einst war darunter. 2003 verlor der Ort überdies seine Postleitzahl. Ein paar Unbeugsame leben seither wie in einer Art Geisterstadt, weigern sich stur, Centralia aufzugeben. Vor neugierigen Touristen verschließen sie die Türen. In Pennsylvania ist Centralia inzwischen eine Attraktion und diente als reales Vorbild für die Videospieleserie »Silent Hill«. Wer auf Centralias 42. Straße steht, begreift sofort, weshalb der Ort auch die Filmemacher inspiriert. Von der menschenleeren Straße, wo sich einst Bars und Geschäfte aneinanderreihten, verlieren sich die Wege im Nirgendwo. Aus den Steinhaufen links und rechts der Wege wuchern Pflanzen, die oft warm vom Feuer sind. Rings um den Friedhof – dem einzigen Ort, der mit den vielen amerikanischen Flaggen auf den Gräbern beinahe schmuck wirkt – raucht der Boden noch immer. Bislang ist es niemandem gelungen, das Feuer zu löschen, das den Asphalt nach oben wölbt und aufreißt. Um die Ränder der Spalten hat sich Moos angesiedelt, als wolle die Natur dem zerstörerischen Werk die Stirn bieten. Fachleute schätzen, dass das unterirdische Feuer noch weitere 200 Jahre lodern könnte, bevor es von allein erlischt.

*Bislang ist es niemandem gelungen, das Feuer zu löschen, das den Asphalt nach oben wölbt und aufreißt.*

Die verlassene Stadt zieht aber nicht nur viele Touristen und Schaulustige an. Jeden Sonntag versammelt sich eine Handvoll ehemaliger Bewohner auf dem Hügel, auf dem sich die orthodoxe Kirche des Heiligen Ignatius erhebt. Sie ist der einzige noch lebendige und genutzte Ort in Centralia. Und wenn während der Messe die Glocken läuten, beschwören sie für einen kurzen Augenblick die Zeit aus glücklichen Tagen herauf, da noch kein Höllenfeuer wütete und ihre Heimat verschlang.

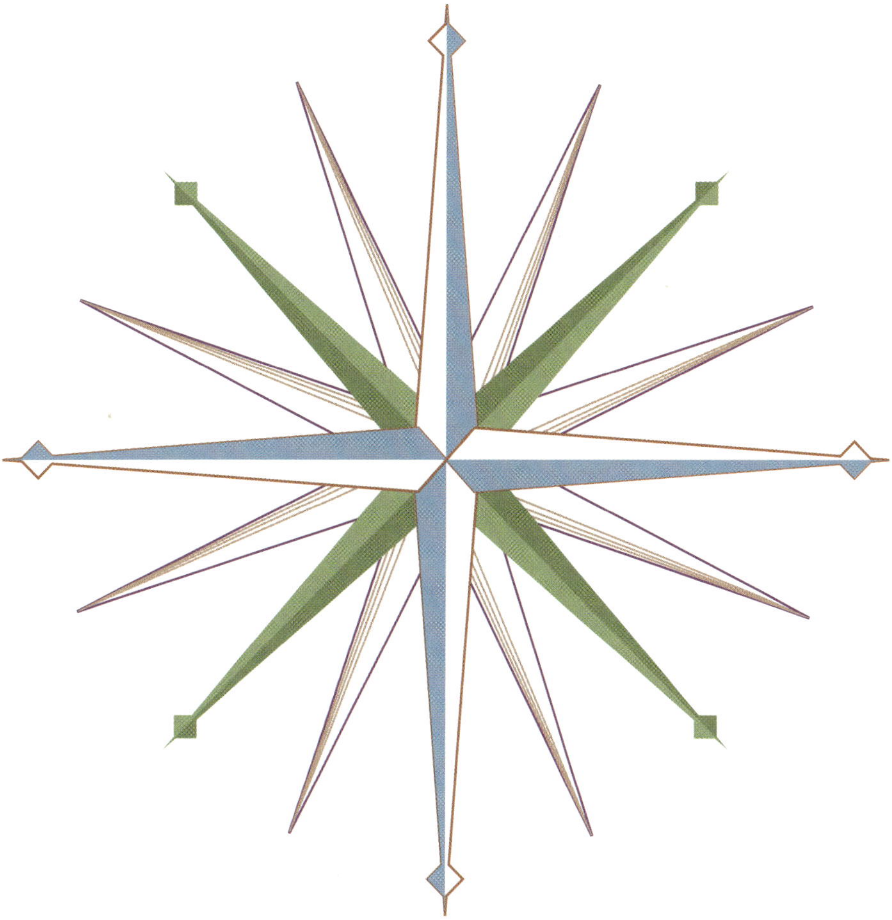

*Das unterirdische Feuer könnte noch weitere 200 Jahre lodern, bevor es von allein erlischt.*

ARGENTINIEN • 37° 08' S, 62° 48' W

# VILLA EPECUÉN

## In Salz erstarrt

Im Jahr 1985 besitzt der große Badeort Villa Epecuén an die 250 Hotels und Kureinrichtungen, dazu fast ebenso viele Cafés, Restaurants und Geschäfte aller Art – ein angemessener Empfang für die 25 000 überwiegend argentinischen Touristen, die alljährlich das beliebte Thermalbad im Südwesten von Buenos Aires besuchen.

Der schmucke, in den 1920er-Jahren entstandene Badeort hat Grandioses zu bieten: Er liegt am Ufer eines Sees, dessen warmes Wasser als mineralreich gilt und einen Salzgehalt besitzt, der zu den höchsten der Welt zählt. Zeitig im Frühjahr treffen die ersten Urlauber und Kurgäste ein, die es an den Lago Epecuén zieht, in dem es sich so schwerelos treiben lässt wie im Toten Meer. Ein gigantischer halbkreisförmiger Damm begrenzt die Bucht, die von Stränden voller Strohschirme und Badeliegen gesäumt wird. Das wundersame Nass füllt Wassertretbecken, Hotelpools sowie das städtische Schwimmbad, das über ein Tauchbecken, eine Bar und ein Solarium verfügt. Unter dem blauen Postkartenhimmel warten neben dem Fußballstadion ein großer Spielplatz auf Kinder; in den Straßen stauen sich Autos und auf den Bürgersteigen flanieren junge Mädchen in bunten Sommerkleidern. Niemand ahnt in jener glücklichen Zeit, dass sich ein Drama anbahnt, das Villa Epecuén von der Landkarte löschen wird. Zur Regulierung des Wasseraustauschs zwischen den verschiedenen Seen der Region und zum Schutz vor Trockenheit und Hochwasser hatte die Provinzregierung 1975 einen Kanal bauen lassen, der über ein Schleusennetz mehrere Lagunen miteinander verband. Der Militärputsch 1976 brachte General Videla an die Macht. Doch unter seiner blutigen Diktatur, die das Land ins Chaos stürzte, gab es für Instandhaltung und Überwachung der Schleusen, Dämme und Lagunen keine zuständige Behörde mehr. Was als Lösung gedacht war, wird zum Problem: Die Ablaufsysteme wurden nicht instand gehalten, der Wasserspiegel der Lagune steigt jährlich um 50 Zentimeter und bedroht die Gebäude am Ufer. Vorsorglich verstärken die Einwohner den gigantischen Damm, dessen Halbrund auf Satellitenbildern bis heute zu erkennen

*Das Highlight des schmucken Badeorts: ein See mit warmem, mineralreichem Wasser*

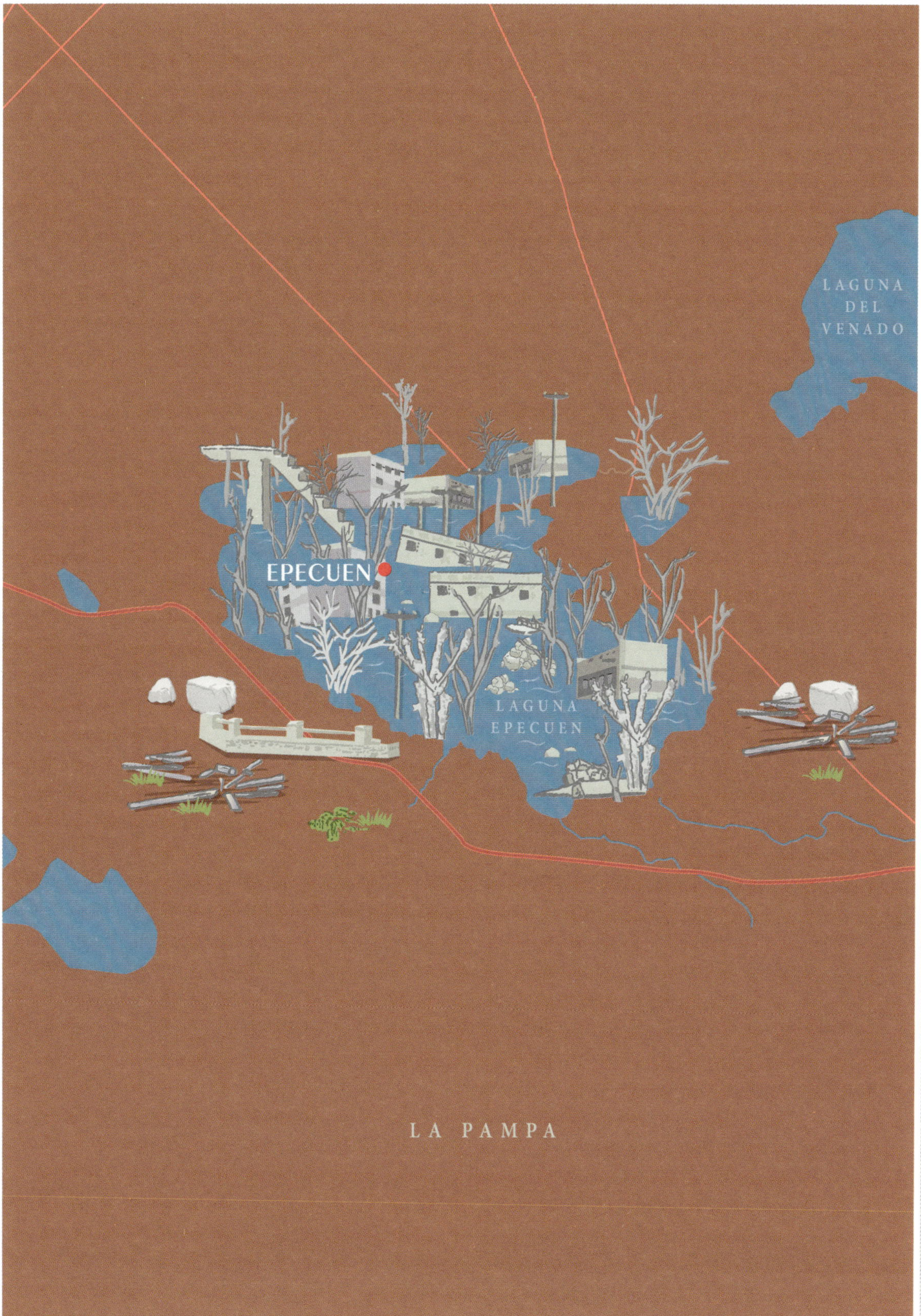
LAGUNA
DEL
VENADO
EPECUEN
LAGUNA
EPECUEN
LA PAMPA

ist. Am frühen Morgen des 10. November 1985 peitscht eine Sudestada, ein außergewöhnlich heftiger Wind, begleitet von starken Regenfällen, die Wassermassen gegen den Damm, und er bricht. Die Katastrophe tritt ein. Das durch seinen Salzgehalt hoch korrosive Wasser ergießt sich in die Straßen, spült Autos fort, flutet Hotels und das Fußballstadion und treibt die Menschen aus ihren Häusern. Man organisiert sich, Hausrat wird in die oberen Stockwerke geschafft oder evakuiert. Lastwagen und Traktoren fahren unentwegt zwischen Epecuén und der wenige Kilometer entfernten Stadt Carhué hin und her und bringen Menschen und deren Hab und Gut nach und nach in Sicherheit. Nach 14 Tagen steht das Wasser in dem Badeort zwei Meter hoch. Wenige Monate später hat die Wasserhöhe 10 Meter erreicht, und auch das Dach des Grand Hotel verschwindet in den Fluten. Der Zement hält stand, doch sämtliche metallische Konstruktionen oxidieren und brechen unter Wasser stumm in sich zusammen; alles, was aus Metall besteht, zerfällt vollständig.

Als das Wasser 2008 zurückgeht, taucht Villa Epecuén wieder auf. Es ist eine apokalyptische Szenerie: Aus den blauen Wassern des Sees ragen Trümmer von eingestürzten Häusern, tote Bäume, Strommasten – gespenstische Phantomgebilde, weiß gebleicht vom Salz, wie nach einem Bombenabwurf oder einem Erdbeben. Villa Epecuén, wie es einst war, existiert nicht mehr. Vorbei die Spaziergänge an lauen Sommerabenden zur Confiteria Coradini, die das ganze Jahr hindurch geöffnet hatte und wo sich im Winter wunderbar heiße Schokolade trinken ließ, oder zum Hotel Altieri, von dem nur noch ein Stück Mauer steht – mit einer Treppe, die nirgends mehr hinführt …

*Als das Wasser 2008 zurückgeht, taucht Villa Epecuén wieder auf. Es ist eine apokalyptische Szenerie: Aus den blauen Wassern des Sees ragen Trümmer von eingestürzten Häusern, tote Bäume, Strommasten – gespenstische Phantomgebilde, weiß gebleicht vom Salz.*

## ERINNERUNG, DIE SCHWINDET

Nicht alle vom Wasser verschluckten Städte haben die gleiche Geschichte. Während Villa Epecuén von einer Naturkatastrophe überflutet wurde – wenngleich durch menschliche Fahrlässigkeit herbeigeführt –, wurde das Ende von Shi Cheng oder Tignes am Oberlauf der Isère durch wirtschaftlich orientierte Regierungsentscheidungen besiegelt. Was zählt schon die Geschichte eines Ortes für ein Unternehmen wie EDF, als es in den 1950er-Jahren den Grundstein für einen gewaltigen Betonstaudamm legt? Ungeachtet aller Einwände ließ das Unternehmen die alten Steinhäuser, die im Wasser eines künstlichen Sees verschwunden waren, beseitigen. Jahrzehntelang tauchten die Ruinen regelmäßig wieder auf, nämlich dann, wenn zur Inspektion das Wasser des Damms abgelassen wurde. Heute führen Tauchroboter die Kontrollen durch, sodass das Wasser des Sees nicht mehr abgelassen werden muss – und die Ruinen für immer verschwinden. Die Alten kommen nicht mehr her, um sich zu erinnern. Das einstige Tignes ist endgültig gestorben.

KANADA • 62° 00' N, 110° 30' W

# GAGNON

## Per Votum ausradiert

Heute gedenkt nur noch eine Facebook-Seite mit Fotos und Dokumenten dieser Stadt, die in ihrer Jugendblüte niedergewalzt wurde. Das Ende von Gagnon erscheint surreal: Die Stadt wurde schlicht per Votum ausgelöscht – ein Votum der Nationalversammlung von Québec im Oktober 1984. Wenige Monate später rückten Bulldozer und Bagger an und pflügten die Stadt unter die Erde. Nur zwei Straßen blieben, deren Kreuzung einst das Ortszentrum war. Den 4000 Einwohnern, von denen viele die stolze Gründung der Stadt miterlebt hatten, blutete das Herz.

Hier, im Norden der Region Québec, unweit der Seen Jeannine und Barbel, wird 1957 eine Eisenerzmine entdeckt und eine Siedlung gegründet. Benannt wird sie nach Onésime Gagnon, Bergbauminister und Vizegouverneur der Provinz Québec. 1960 gilt als das offizielle Gründungsjahr der Stadt Gagnon. Die Bewohner, alteingesessene Québecer sowie Einwanderer aus Portugal und Italien, lieben ihre moderne, kleine Stadt, trotz der schwierigen klimatischen Bedingungen und der relativen Abgeschiedenheit. Die Stadt ist nur per Flugzeug oder Eisenbahn erreichbar – der Bau einer Straße, die sie mit Baie-Comeau verbinden soll, lässt auf sich warten. Die Straße wird 1987 schließlich eingeweiht, keine drei Jahre nach dem offiziellen Ende von Gagnon. In dieser Arbeiterstadt am See, deren Bewohner sich als Pioniere am Ende der Welt betrachten, ist Solidarität kein leeres Wort, und es herrscht reges soziales Leben. Im Winter trifft man sich zum Eishockey und Eiskunstlaufen, der Sommer gehört dem Wassersport. In den 1970er-Jahren wird das Leben jedoch schwieriger, denn die Erzvorkommen, die so wichtig waren für die Stadt, erschöpfen sich. 1977 wird die Mine geschlossen und die Produktion nach Fire Lake, 90 Kilometer nordöstlich von Gagnon, verlagert. Die Arbeiter nehmen den mühsamen Fahrtweg in Kauf, bis im Oktober schließlich 1984 der Gnadenstoß kommt. Auch die Mine von Fire Lake wird geschlossen, und die Bewohner von Gagnon erfahren, dass ihre Stadt in Kürze von der Landkarte verschwinden soll. Für das Verlassen ihrer Häuser bietet man ihnen eine Entschädigung an.

Heute sind von der Stadt nur mehr ein paar offene Tagebauhalden zu sehen. Von den kleinen idyllischen Häuschen im typischen Stil der 1960er-Jahre ist nichts geblieben außer ein paar anrührende Zeugnisse und Andenken, zurückgelassen von nostalgischen Besuchern – wie jenes Schild, auf dem in verwaschener, blauer Tinte zu lesen steht: »Zwanzig schöne Jahre haben wir in dieser Stadt verlebt. Wir werden dich niemals vergessen, Gagnon, Stadt unserer Jugend und unserer begrabenen Träume.« Im Jahr 2015 wollen die ehemaligen Bewohner in Gagnon zu einem großen Fest zusammenkommen und die Vergangenheit zumindest teilweise wieder aufleben lassen …

GAGNON
LOUIS-BABEL
ECOLOGICAL
RESERVE
MANICOUAGAN
RESERVOIR

CHILE • 20° 12' S, 69° 48' W

# HUMBERSTONE

## »Wir sind Schmerz«

Es ist die trockenste Region der Erde mit extremen Bedingungen: In der Atacamawüste kann die Temperatur innerhalb eines einzigen Tages um 50 Grad Celsius schwanken; die Sonneneinstrahlung ist so stark, dass man ihr nur mit Sonnenbrille und intensivem Sonnenschutz begegnen kann; in manchen Winkeln hat es seit 400 Jahren nicht geregnet … Und doch hat man hier eine Stadt erbaut, nachdem man auf einen Bodenschatz gestoßen war, der im 19. Jahrhundert einen ganz besonderen Wert hatte, weil er zur Herstellung von Schießpulver diente: Salpeter. 1872 entdeckt der britische Ingenieur James Thomas Humberstone das Vorkommen, als er die chilenische Küste erforscht. Er gründet die Peru Nitrate Company. Über 200 Abbaustätten werden geschaffen, alle ausnahmslos in englischem Besitz; Fabriken und mehrere Minenarbeiterstädte entstehen. Humberstone, zunächst von bescheidener Größe, entwickelt sich mit dem Eintreffen der Eisenbahn Ende des 19. Jahrhunderts rasant. Zahllose Minenarbeiter – Chilenen, Bolivianer und Peruaner –, aber auch Abenteurer aus aller Herren Länder reisen an. Die Weltwirtschaftskrise 1929 sowie die Entwicklung des großtechnischen Verfahrens der Ammoniak-Synthese in Deutschland bremsen die Tätigkeit der benachbarten Fabrikstädte zunächst, doch das mittlerweile 3700 Einwohner zählende Humberstone steht 1934 in seinem Zenit und wird von einem chilenischen Unternehmen aufgekauft. Im Theater treten Künstler aus aller Welt auf, Humberstones Kaufhaus, die Pulpería, ist das bestsortierte in ganz Chile, und das riesige Schwimmbad, aus dem Wrack eines gestrandeten Schiffes entstanden, ist berühmt. Doch mit Beginn der 1940er-Jahre geht es mit der chilenischen Salpeterindustrie unaufhaltsam bergab. Nach 80 Jahren wird Humberstone im Februar 1960 endgültig aufgegeben und hätte zu einer weiteren Geisterstadt werden können. Aber es kommt anders: Europäer und indianisch-stämmige Südamerikaner, die in dieser lebensfeindlichen Umgebung Seite an Seite harte Arbeit leisteten, wuchsen zusammen und fanden eine neue, eigene gemeinsame Identität – die *cultura pampina* – mit einer eigenen Sprache, eigenen Trachten und Werten. Und diese Kultur, die eng mit dem Salpeterabbau verbunden ist, wird jedes Jahr wieder lebendig, wenn sich die Nachkommen der ersten Bewohner hier in der einstigen Minenstadt zur *fiesta pampina* versammeln: Die verlassenen Straßen erwachen zum Leben, Männer, in Tracht gekleidet, tanzen, man spielt eine Art Boccia und erinnert sich wehmütig an die Solidarität jener Zeit, als das Lärmen der Bagger die Luft erfüllte. Die Gemeinschaft hat sogar eine Hymne, *Yo soy Pampino*, mit nostalgischem Text: »Geschlossen sind die Salpeterminen, lebendig nur noch in den Herzen. Wir waren Zukunft, wir waren Größe, wir sind Vergessenheit, wir sind Schmerz …«

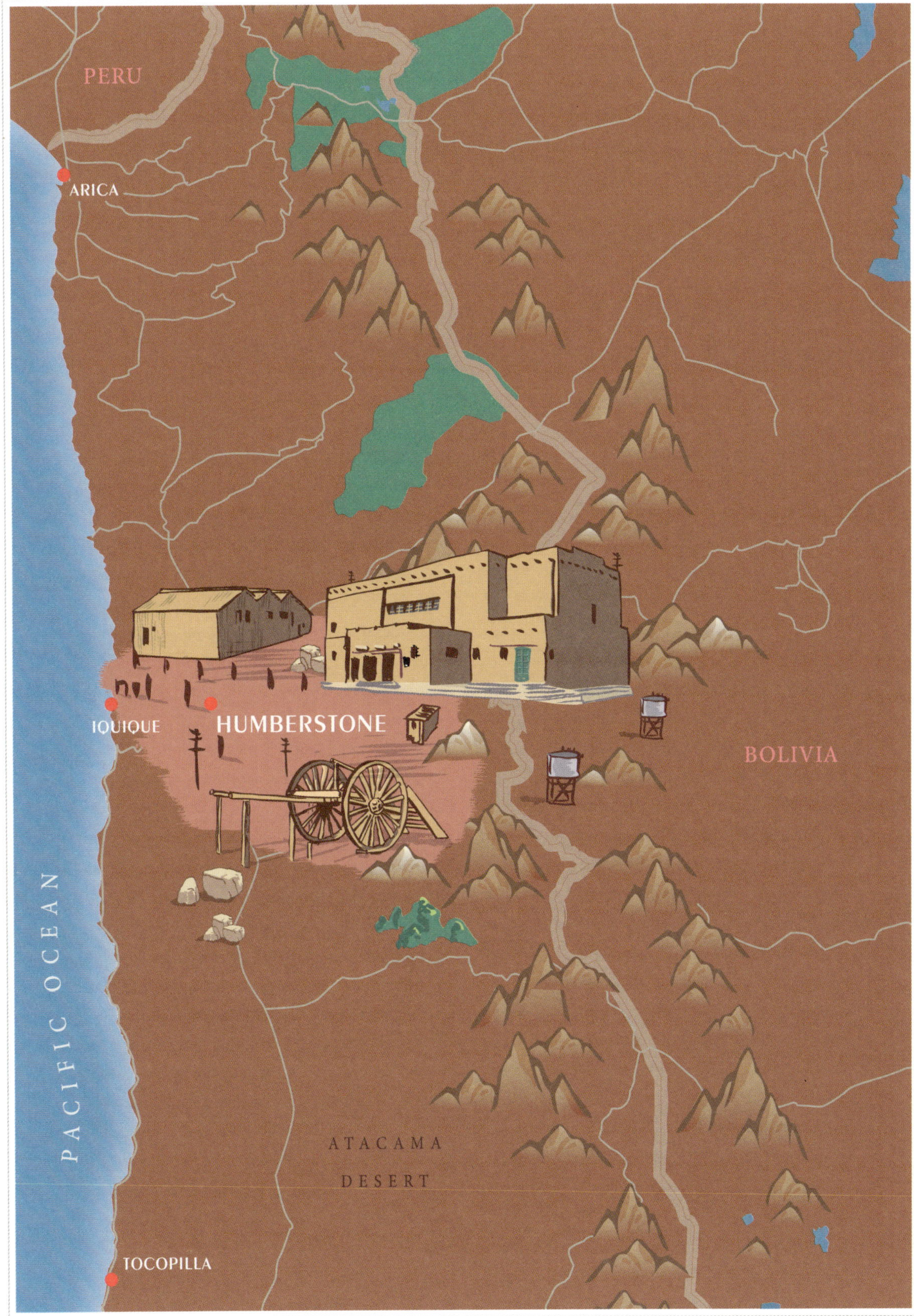
PERU
ARICA
IQUIQUE
HUMBERSTONE
BOLIVIA
PACIFIC OCEAN
ATACAMA
DESERT
TOCOPILLA

BOLIVIEN • 20° 23' S, 66° 42' W

# PULACAYÓ

## Stadt der Revolutionäre

Es war einmal ein Reiter, der auf dem Rücken seines Maultiers die Berge Boliviens durchquerte, als sein Reittier ihn abwarf, und er in eine nicht allzu tiefe Schlucht fiel. Zu seinem Glück: Am Boden entdeckte er einen beachtlichen Klumpen Silber und brachte ihn ins nächste Dorf, um seinen Wert schätzen zu lassen. »Wo hast du den gefunden?«, fragte man ihn. Doch da er den Ort nicht verraten wollte, antwortete er: *Donde mula cayó* (»Wo das Maultier hingefallen ist«). Dieser mit den Jahren verschliffene Satz gab der bolivianischen Minenstadt Pulacayó ihren Namen, die im 19. Jahrhundert über das bedeutendste Silbervorkommen des Landes verfügte. Inmitten einer Landschaft aus Stein und Staub an einem Berghang gelegen, war sie die erste Stadt Boliviens, zu der eine Bahnlinie führte und Scharen von Arbeit suchenden Bergleuten, Händlern und Abenteurern auf der Jagd nach dem schnellen Geld anzog. Einer dieser Züge, die das kostbare Metall an die Pazifikküste schafften, wurde angeblich von vom berühmten Eisenbahnräuber Butch Cassidy überfallen. Zu Beginn des 20. Jahrhunderts zählt die Stadt über 20 000 Einwohner, 7000 davon Minenarbeiter. Ihr Wohlstand lässt sich zu dieser Zeit an der *Pulpería* ablesen, jenem Kaufhaus, in dem die reichsten Bewohner französische Weine kaufen, italienische Schuhe, englische Tuche und argentinisches Fleisch. Pulacayó bringt seine eigene Zeitung heraus (*Presencia*), besitzt ein Theater, zahlreiche Clubs und sogar ein Wohnheim für unverheiratete Bergleute. In der Arbeiterklasse aber macht sich zunehmend Unmut breit, man lehnt sich auf: Mit der Eisenbahn kam auch kommunistisches Gedankengut in die Stadt. Ab den 1940er-Jahren kommt es vermehrt zu Streiks und Versuchen, Gewerkschaften zu gründen, die allesamt blutig niedergeschlagen werden. Die Entwicklung der Stadt ist zunehmend von schreiender Ungerechtigkeit geprägt: Stacheldraht trennt die Viertel der Reichen von denen der armen Bergarbeiterklasse, die unter extremen Bedingungen schuftet. Die Stadt ist berühmt für die »Pulacayó-Thesen«, die 1946 infolge der Aufstände von Bergarbeitern und Gewerkschaftern unterzeichnet wurden. Bis heute sind sie ein bedeutendes Dokument der Gewerkschaftsgeschichte. 1952 wird die Mine verstaatlicht, deren Reserven bald schon erschöpft waren, und so verliert die 1962 gegründete Kooperative der Bergleute nach und nach ihre Mitglieder. Das Goldene Zeitalter von Pulacayó ist vorbei.

Heute leben noch ein paar Hundert Einwohner in der Geisterstadt, züchten Lamas, treiben Tauschhandel und öffnen den Besuchern bisweilen die Tür zu ihrem bescheidenen Heim. Die Ältesten erzählen dann vom einstigen Leben in Pulacayó, als in den Straßen noch geschäftiges Treiben herrschte und die Dampflokomotiven noch nicht im Museum standen – Erinnerungen an ein verlorenes Paradies, das Paradies ihrer Jugend.

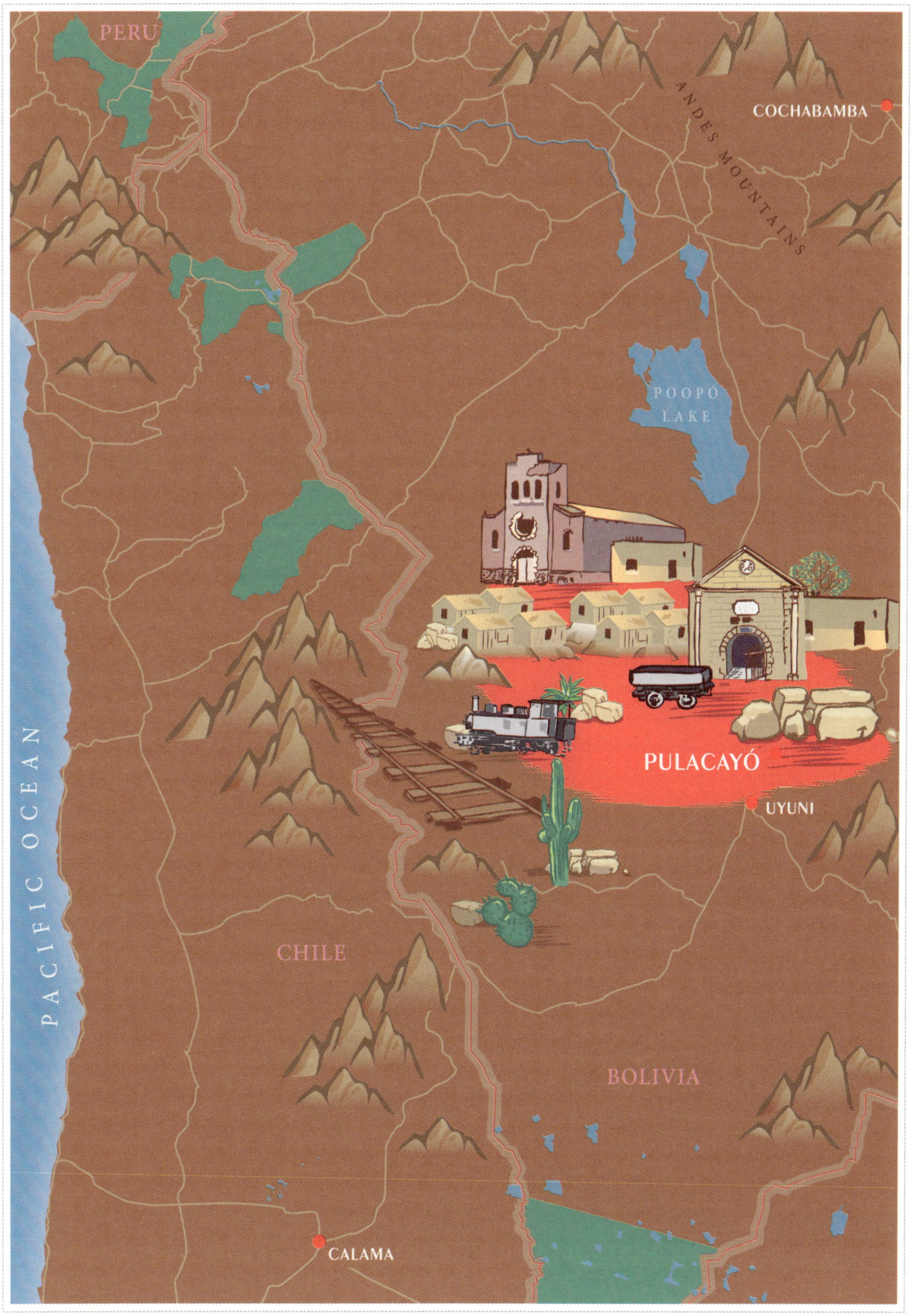

PERU
ANDES MOUNTAINS
COCHABAMBA
POOPÓ LAKE
PULACAYÓ
UYUNI
PACIFIC OCEAN
CHILE
BOLIVIA
CALAMA

VEREINIGTE STAATEN • 36° 54' N, 116° 49' W

# RHYOLITE

## Flammender Stern

Rhyolite lebte nur fünf kurze Jahre lang, von 1904 bis 1908. Zwei Autostunden von Las Vegas entfernt in der Wüste Nevada gelegen, wurde es aus dem Eifer der Goldsucher geboren, die, angezogen vom reichen unterirdischen Goldvorkommen, herbeiströmten. Doch die Natur hat anders entschieden.

Im Verhältnis zur kurzen Lebenszeit der Stadt sind zahlreiche Überreste erhalten, was daran liegt, dass Rhyolite im Gegensatz zu den meisten anderen Minenstädten des amerikanischen Westens überwiegend aus Stein erbaut wurde. Von 1905 an verfügte die Stadt über alles, was eine Großstadt braucht: Trinkwasser, Elektrizität, Rathaus, Postamt, Schule, Krankenhaus, Hotels, Geschäfte und Saloons in großer Zahl, sowie ein Gefängnis, das später seinen Zweck noch vollauf erfüllen sollte, als mit dem Rückgang des Goldabbaus die Kriminalität nach oben schnellte. Auch für Freizeitvergnügungen war gesorgt: Das »Chicago des Westens«, wie Rhyolite auch genannt wird, verfügt über ein Schwimmbad, ein Opernhaus, ein Theater, und ganze drei Varietés – zur Freude der Goldsucher, die all die Schauspielkünstlerinnen, die dem Zug entsteigen, den Hof machen.

1908 machen Gerüchte die Runde und trüben den frohen Optimismus der 10 000 Einwohner: Es heißt, der unterirdische Reichtum sei von den Stadtgründern weit überschätzt worden. Ein Bergmann soll mit leeren Händen aus der Mine gekommen sein und gerufen haben: »Es gibt kein Gold mehr!« Das Vertrauen der Einwohner in die Goldvorkommen ist dahin. Überzeugt, dass das angeblich reiche Goldvorkommen unter ihren Füßen eine Finte sei, und wütend auf die Banken, die Gerät und Maschinen nicht mehr finanzieren, verlassen zunächst vor allem die Jüngeren bald schon die Stadt. Die Älteren mit ihren Familien folgen ihnen wenig später. Nach dieser ersten großen Abwanderungswelle verschlechtert sich die Stimmung merklich. Die Varieté-Künstlerinnen bleiben fern, die Varietés und Casinos schließen und läuten eine Wirtschaftskrise ein, die schließlich auch die Händler veranlasst, dem Ort den Rücken zu kehren. Im Frühjahr 1908 sieht sich die Stadt schließlich aus Geldmangel gezwungen, die öffentliche Beleuchtung abzuschalten. Es ist das endgültige Ende von Rhyolite.

Heute weiß man, dass die Gerüchte unbegründet waren: Der Boden von Rhyolite barg durchaus noch Gold. Gut möglich, dass das Erdbeben von San Francisco 1906 sowie die Börsenpanik von 1907 die Banken von neuerlichen Investitionen in den Ausbau der Stadt abhielten. Und ohne Investitionen hatte Rhyolite keine Chance.

Die einstige Minenstadt ist heute eine *der* Attraktionen des Death Valley. Besucher der steinernen Ruinen erhalten einen Einblick in die Blütezeit des Goldrauschs, und so lebt Rhyolite auf seine ganz eigene Weise fort.

NEVADA
DEATH VALLEY
RHYOLITE
LAS VEGAS
SAN GABRIEL MOUNTAINS
LOS ANGELES

MEXIKO • 19° 41' N, 98° 52' W

# TEOTIHUACÁN

## Zwischen Sonne und Mond

Teotihuacán, 50 Kilometer nordöstlich von Mexiko-City gelegen, ist eine Ruinenstadt der Superlative, größer als das antike Rom, mit 1,6 Millionen Besuchern pro Jahr, 600 Pyramiden und 2000 auf 82 Kilometern verstreuten Monumenten. Von der UNESCO wurde es 1987 zum Weltkulturerbe erklärt. Einst eine der historischen Hauptstädte Mittelamerikas, ist Teotihuacán heute ein gigantischer Archäologiepark inmitten kleiner, moderner Vorstadthäuser. Und doch ist der Besucher unweigerlich gebannt vom außerordentlichen Panorama, das sich ihm von der Sonnenpyramide aus bietet: ein Hochplateau auf 2300 Metern Höhe, dessen einziges Relief die Pyramiden und Tempel bilden, und das sich bis zu den Bergen am fernen Horizont erstreckt.

Von allen präkolumbischen Stätten ist Teotihuacán am gründlichsten untersucht, vermessen, beschrieben, klassifiziert worden, und doch weiß man fast nichts über seine Ursprünge: Man kennt weder das Volk, das es erbaut hat, noch die Sprache, die gesprochen wurde, ja, nicht einmal seinen ursprünglichen Namen! Der Name Teotihuacán, »Stadt der Götter«, wurde der Stadt lange nach ihrem Niedergang von einem späteren Volk, den Mexicas, verliehen.

*Teotihuacán erreicht seinen Zenit im 5. Jahrhundert n. Chr. und ist mit seiner Kultur weithin prägend*

Bis in die 1940er-Jahre hielten Archäologen die Tolteken, Zeitgenossen der Maya, für die Stadtgründer. Doch diese These verwarf man später. Die Tolteken besaßen nicht das kulturelle Niveau, das zur Zeit der Errichtung der Stadt erforderlich gewesen wäre (um 300 v. Chr.). In jüngerer Zeit war von den Totonaken die Rede, einem friedliebenden Volk aus der Region Veracruz, das bis in die heutige Zeit hinein überlebt hat. Am wahrscheinlichsten ist, dass die riesige Stadt über mehrere Jahrhunderte hinweg von Völkern gegründet wurde, die von der Kultur der Olmeken beeinflusst waren, die vor 3000 Jahren die Hauptreiche Mittelamerikas prägte. Wie wurde aus einer kleinen Bauernsiedlung die Metropole einer ganzen Region? Man weiß heute, dass Teotihuacán in den Jahrzehnten unmittelbar vor Christi Geburt im Wachsen begriffen war, ehe es zu einem riesigen, scheinbar anarchischen und streng organisierten Schmelztiegel wurde – wie die vollkommen durchgeplante Anlage der Stadt zeigt. Ihren Zenit erreichte sie im 5. Jahrhundert n. Chr., als ihr kulturelles, gesellschaftliches und religiöses Modell weithin prägend war. Mit ihren 50 000 bis 200 000 Einwohnern – je nach zeitlicher Periode

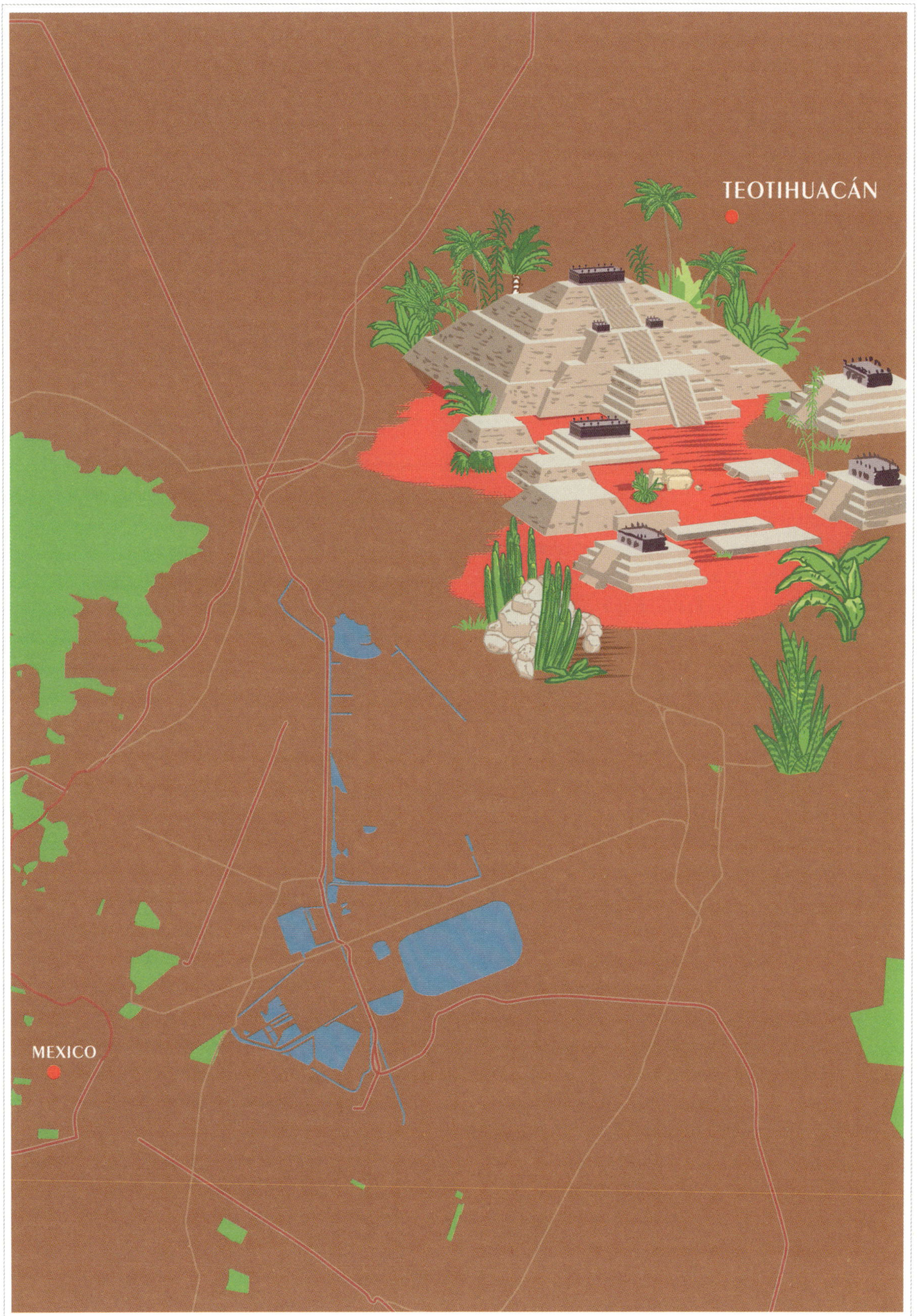
TEOTIHUACÁN
MEXICO

und Schätzung – scheint sie die mächtigste und bevölkerungsreichste Stadt des amerikanischen Kontinents gewesen zu sein.

Ihr Ende tritt zwischen dem 7. und 8. Jahrhundert ein, aus noch immer rätselhaften Gründen. Vielleicht waren äußere Kräfte im Spiel: Die sogenannte »Ciudadela«, eine höfische Palastanlage, wurde abgerissen, niedergebrannt, die Trümmer über mehrere Kilometer verstreut – als hätten die Zerstörer damit jede Wiederauferstehung zunichte machen wollen. Um 700 löste das Aufkommen neuer kultureller und wirtschaftlicher Zentren eine massive Abwanderung der Bevölkerung aus, und die Ruinenstadt blieb der langsamen Erosion überlassen.

Dank ihrer Größe und ihres Ruhms gerät die Stadt dennoch nicht in Vergessenheit. Die Azteken, die im 14. Jahrhundert ihre Hauptstadt Tenochtitlán gründeten, pilgern regelmäßig in die Ruinenstadt, und auch die spanischen Eroberer stehen später staunend davor. Die ersten Ausgrabungen finden 1675 statt und machen Teotihuacán in der ganzen Welt berühmt. Denn der Ort ist über seine schiere Größe hinaus einzigartig: Die Stadtanlage, deren geometrische Linien sehr modern anmuten, kündet von einer Kultur, die ihrer Religion unerbittlich unterworfen war. Die politische Macht lag in den Händen der Priester, und der gesamte Stadtstaat scheint wie eine symbolische Darstellung des Universums – wie ein Entwurf der Götter. Der Plan der Stadt richtet sich am Lauf der Sonne aus. Eine der Hauptstraßen verläuft an der Mondpyramide (die menschliche Überreste aus verschiedenen Bauphasen birgt) und der gewaltigen, 65 Meter hohen Sonnenpyramide entlang und endet an der Ostwand der »Ciudadela«, in deren Zentrum sich der Tempel des Quetzalcoatl befindet, der Tempel der »Gefiederten Schlange«.

*Jedes Jahr besuchen 1,6 Millionen Touristen aus aller Welt die Ruinenanlage von Teotihuacán.*

Der ganze um 150 errichtete Gebäudekomplex ist umgeben von Mauern. Die Stufentempel zieren bunt bemalte Schlangenköpfe, jeder einzelne von ihnen ist vier Tonnen schwer. Unter ihnen ruhen die sterblichen Überreste junger Menschen, die einst blutdürstigen Göttern als Opfer dargebracht wurden. Die Götter haben längst an Macht verloren, doch die Erinnerung an sie ist hier noch allgegenwärtig. Umso mehr, da bis dato erst ein kleiner Teil des riesigen Komplexes archäologisch erschlossen ist. Vieles liegt noch im Verborgenen, bis es irgendwann wieder entdeckt wird.

*Mit 600 Pyramiden und 2000 auf 82 Quadratkilometern verstreuten Monumenten ist Teotihuacán eine Megastadt der Archäologie.*

GUATEMALA • 17° 13' N, 89° 36' W

# TIKAL

## Dem Hunger entfliehen

Vom Tor zur antiken Stadt Tikal bis zu den Ruinen sind es nur wenige Hundert Meter, doch der Gang dorthin gleicht einer Expedition durch tiefsten Regenwald. Es ist ein abenteuerlicher Marsch und nur das Vorspiel zu einem grandiosen Anblick, den Tikal auf dem sogenannten »Großen Platz« bereithält. Hier, in dieser Stadt der antiken Mayazeit (250 bis 900 n. Chr.) erheben sich die beiden höchsten Tempelpyramiden Mittelamerikas. Mächtig und rätselhaft stehen sie einander gegenüber, steile Stufen führen an allen vier Seiten bis auf die Spitze empor, wo angeblich die Priester von einem Tempel zum anderen miteinander kommunizierten. Ist es Zufall, dass Tikal oft übersetzt wird mit »Ort der Stimmen«?

Aber das Gelände hat noch mehr zu bieten. Überragt von den knapp 50 Meter hohen Stufenpyramiden, finden sich auf dem gesamten Gebiet rund um Tikal wahre Wunderwerke der Geschichte: Paläste, Tempel und monumentale Skulpturen. Die Flachreliefs zahlloser Gebäude, deren Symboliken sich nur dem kundigen Betrachter erschließen, sind teils stark verwittert. Stelen mit eingeritzten uralten Texten erzählen die Geschichte der Stadt. Zu ihrer Blütezeit, um 600 n. Chr. war Tikal eine der mächtigsten Städte der Maya und soll 50 000 Einwohner gezählt haben: Man lehrte hier Hieroglyphenschrift, Künste, Astronomie, Architektur, und so strömten Menschen aus der ganzen Region hierher. Zwei Jahrhunderte später hat sich der Dschungel die Ruinen aber zurückerobert. Wie konnte eine jahrhundertealte Hochkultur so schnell verschwinden? Manche glauben, dass Tikal nicht zerstört, sondern verlassen wurde, möglicherweise, weil sich seine natürlichen Ressourcen erschöpften. Tatsächlich wurde das Land der Maya Ende des 8. Jahrhunderts von einer langen Dürreperiode heimgesucht. Sicher ist nur eines: Im 10. Jahrhundert war die Stadt vollständig aufgegeben. Die Erinnerung an sie ging in der mündlichen Überlieferung jedoch nie verloren, was ihre Wiederentdeckung Ende des 17. Jahrhunderts erleichtert hat. Die erste offizielle Expedition fand 1848 statt. Forscher kamen nach Tikal, kartografierten, fotografierten und ... plünderten sie. 1951 erhält die Stadt einen kleinen Flugplatz. Ein neues Abenteuer beginnt. Tikal ist einzigartig, vor allem im Licht des frühen Morgens. Der Blick von hoch oben, von der 65 Meter hohen Spitze des Tempels der »Zweiköpfigen Schlange« aus, macht die menschlichen Opfer und die sozialen Ungerechtigkeiten einer Zivilisation, die vom 3. bis zum 9. Jahrhundert gewaltige Gebiete beherrschte, vergessen – es ist ein magischer Anblick, wenn sich die Stufenpyramiden über den dampfenden Regenwald erheben – letzte Reste einer Kultur, deren Goldenes Zeitalter ein jähes Ende fand. Der Wald ist so dicht, so erdrückend, dass es schwerfällt, an eine einstige Dürre zu glauben – auch wenn es von allen die plausibelste Hypothese ist.

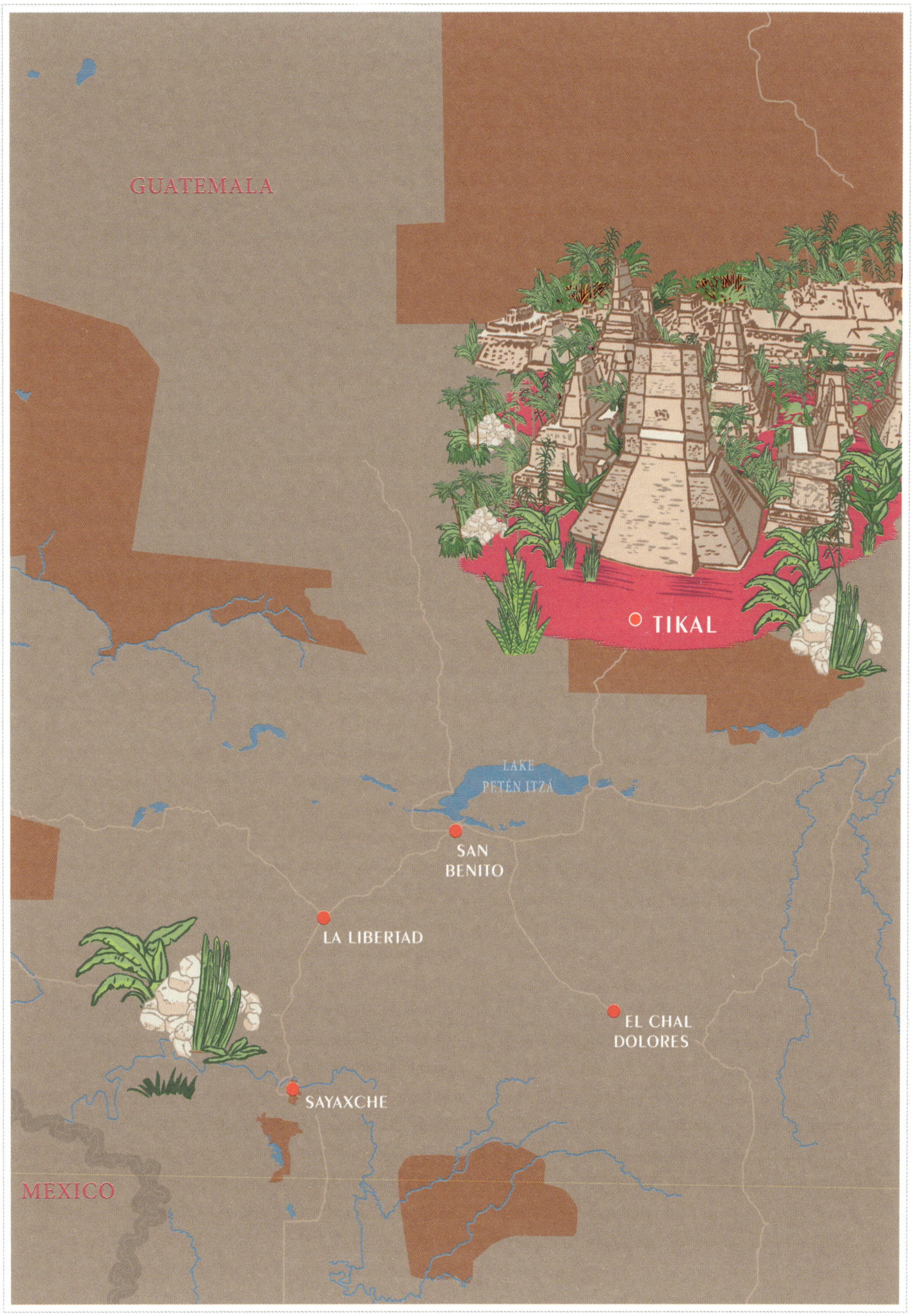
GUATEMALA
TIKAL
LAKE
PETÉN ITZÁ
SAN
BENITO
LA LIBERTAD
EL CHAL
DOLORES
SAYAXCHE
MEXICO

PERU • 17° 49' S, 66° 10'

# VILCABAMBA

## Das verschwundene Reich der Inka

Vilcabamba, am Grund eines heiligen Tales gelegen, von üppiger Vegetation überwuchert, bleibt ein Rätsel. Sind die Ruinen aus hellem Stein die Überreste der geheimen Hauptstadt der letzten Inka? Jahrhunderte nach dem Aufstand von 1536, als sich die Letzten dieses Volkes verzweifelt gegen die spanischen Konquistadoren stemmten, bietet die einstige Hauptstadt der Inka noch immer jede Menge Stoff für Träume. Der Überlieferung nach soll Manco, der erste der vier berühmten Inka-Rebellen von Vilcabamba, eine hügelige Gegend im Schatten der Berge zum Kern seines Widerstands erkoren haben. Kurz zuvor war er mit der Befreiung Cuzcos gescheitert, vernichtete bei Ongoy »die Bärtigen« und ließ nur zwei überlebende Christen zurück. Nun war er auf der Flucht vor den aus Chile heranrückenden Truppen Almagros. In seiner geheimen Stadt versuchte Manco ein kleines Reich wiederherzustellen, einen Nachbau von Cuzco vor dessen Eroberung. 36 Jahre lang verübt er von seinem Versteck aus Überfälle auf die Spanier. Nachdem er 1545 ermordet wird, setzt sein Sohn, der verhandlungswilligere Sayri Tupac, den Widerstand der Inka fort. Auf ihn folgt sein Bruder, der kriegerische Titu Cusi, und schließlich Tupac Amaru, der vierte und letzte der Inka von Vilcabamba. Er ist bis heute ein Symbol des indianischen Widerstands in ganz Lateinamerika. Eine Strafexpedition des über die Ermordung eines spanischen Diplomaten erzürnten Vizekönigs von Peru bedeutet das Ende von Vilcabamba: Die spanische Artillerie besiegt die Indianer, und Tupac Amaru setzt, ehe er die Flucht ergreift, sein kleines Königreich in Brand. Die Sieger lassen die von Flammen zerstörte Stadt zurück und gründen an einem gastlicheren Ort ein neues Vilcabamba, Vilcabamba la Nueva. Das alte Vilcabamba wird überwuchert und verschwindet langsam unter der grünen Vegetation. Seltsamerweise wurde die genaue Lage der Hauptstadt der letzten Inka niemals verzeichnet. War es bewusste Absicht der Eroberer, um zu verhindern, dass der Ort zum Symbol wurde? Der Ruf der »verschwundenen Stadt der Inka« aber hallte durch die Jahrhunderte, und im 19. Jahrhundert starteten mehrere Expeditionen, um sie ausfindig zu machen. Die Forscher vermuteten sie in Choquequirao, in Machu Picchu, in Espiritú Pampa; doch die eine liegt nicht weit genug im Norden, die andere hat nie gebrannt, und die dritte befindet sich am Ufer des falschen Flusses. 1966 identifizieren Forscher Brandspuren in Espiritú Pampa und sind überzeugt, die Stadt gefunden zu haben. Zehn Jahre später entdeckt ein peruanischer Archäologe eine unerforschte Stätte im Herzen des Dschungels, 40 Kilometer nördlich von Machu Picchu: Auch er hält dieses für die verlorene Stadt der Inka. In jüngerer Zeit halten Archäologen vermehrt Choquequirao für den gesuchten Ort. Wer aber hat dann im alten Vilcabamba gelebt?

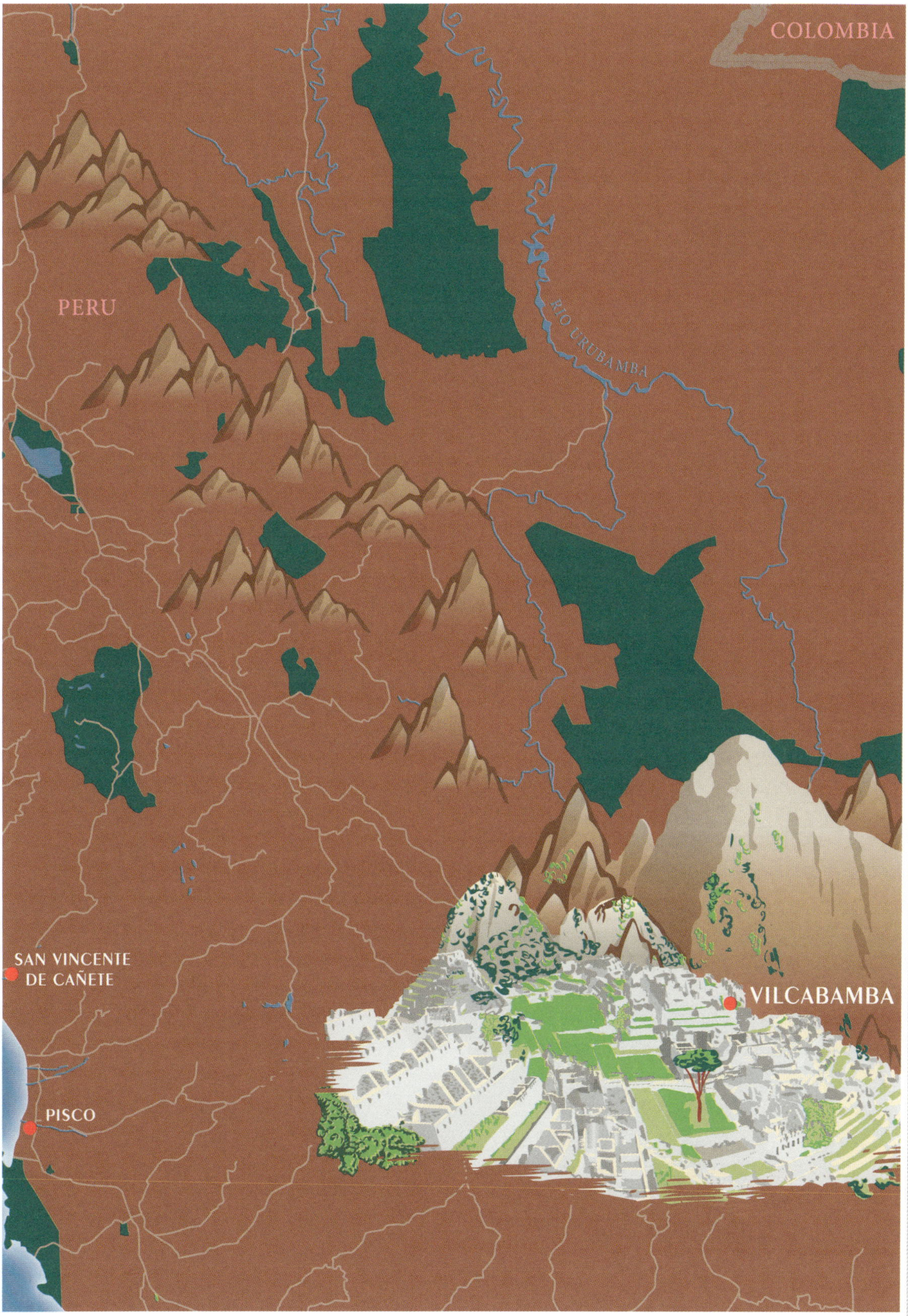
COLOMBIA
PERU
RIO URUBAMBA
SAN VINCENTE
DE CAÑETE
VILCABAMBA
PISCO

BLACK SEA
KAYAKÖY
TURKEY
MEDITERRANEAN SEA
HATTUSA
KANTUBECK
MARI
AGDAM
UZBEKISTAN
SYRIA
MASSADA
AZERBAIJAN
CASPIAN SEA
ISRAEL
BABYLON
IRAQ
BAM
IRAN
FATEHPUR SIKRI
INDIA
LOTHAL
MANDU
MA'RIB
YEMEN
INDIAN OCEAN

KADYKCHAN
RUSSIA
SEA
OF JAPAN
JAPAN
HIROSHIMA
HASHIMA
ISLAND
CHINA
SANZHI
TAIWAN
SHI CHENG
ANGKOR
CAMBODIA
ASIA

ASERBAIDSCHAN • 39° 33' N, 46° 57' O

# AGDAM

## Ein strategischer Tod

Durch Agdam zu schlendern, bereitet unweigerlich Unbehagen. Liegt es an der Stille? Am Kontrast zwischen dem traurigen Anblick einer zerstörten Stadt und der Schönheit der Natur ringsum? Es ist nur schwer vorstellbar, dass 1993 knapp 160 000 Menschen im Herzen dieser weiten, von Bergen umrahmten Ebene lebten. Verwitterte Statuen thronen inmitten verlassener Plätze, durch die Risse im Asphalt wuchert Grün, verrostete Panzer liegen auf den Straßen, während zwischen den Ruinen der einstigen Wohnhäuser und öffentlichen Gebäude aus der Sowjetzeit wilde Ziegen nach Futter suchen. Es wirkt fast so, als wären die Hirten nicht weit weg, tatsächlich aber wohnt hier keine Menschenseele mehr. Hinter einer Straßenbiegung, an der Fassade eines Hauses, das einst einer wohlhabenden armenischen Familie gehört haben dürfte, lässt sich ein typisch aserbaidschanisches Fresko erahnen, eine Szene mit Musik und Tanz – Künste, die während der Sowjetherrschaft verpönt waren. Aus dem erstarrten Chaos ragen die beiden Minarette der Moschee heraus, die als einziges Gebäude nicht von Bomben getroffen wurde, ganz so, als wolle sie dem weltlichen Tun der Menschen trotzen. Denn Agdam, die »weiße Stadt«, wie sie einst wegen der weißen Steine hieß, aus denen sie erbaut wurde, starb 1993. Sie starb von einem Tag auf den anderen im Hagel armenischer Bomben, als der seit Jahrzehnten in der Region schwelende Konflikt seinen Höhepunkt fand. Seit dem 18. Jahrhundert war die Stadt ein Vorposten der armenischen Streitkräfte: Die Gebirgsregion Bergkarabach im Grenzgebiet zwischen Aserbaidschan, dem Iran und Armenien war von großer strategischer Bedeutung. Sie stand im Laufe ihrer Geschichte unter der Kontrolle wechselnder Eroberer – Russen, Türken, Briten – und wurde nach 1919 von der Sowjetunion annektiert. Im 20. Jahrhundert heizten zahlreiche Aufstände, insbesondere von aserbaidschanischen und armenischen Bevölkerungsgruppen, den kulturellen und wirtschaftlichen Niedergang der so überaus begehrten Stadt an. Zusätzlich verschärfte der Zerfall des Sowjetreichs die Spannungen in der Region, die seit den verheerenden ethnischen Säuberungen in der Stalinzeit herrschten.

1991 waren die Beziehungen zwischen Armenien und Aserbaidschan, beide hochgerüstet mit sowjetischen Waffen, am Tiefpunkt. Es kommt zum bewaffneten Konflikt, der im Juli 1993 in der Zerstörung von Agdam gipfelt: Als armenische Truppen in die Stadt eindringen auf der Suche nach Waffen, Munition und Essen, wissen die Menschen, dass ihre Tage gezählt sind, fliehen aus ihren Häusern und der Stadt. Die armenischen Truppen plündern sämtliche Gebäude, nehmen sie unter Granatbeschuss, bis nur noch die Grundmauern stehen. Die Geisterstadt wird zu einer »Pufferzone«, für den Fall einer neuen Konfrontation. Agdam wird wohl nie wieder auferstehen.

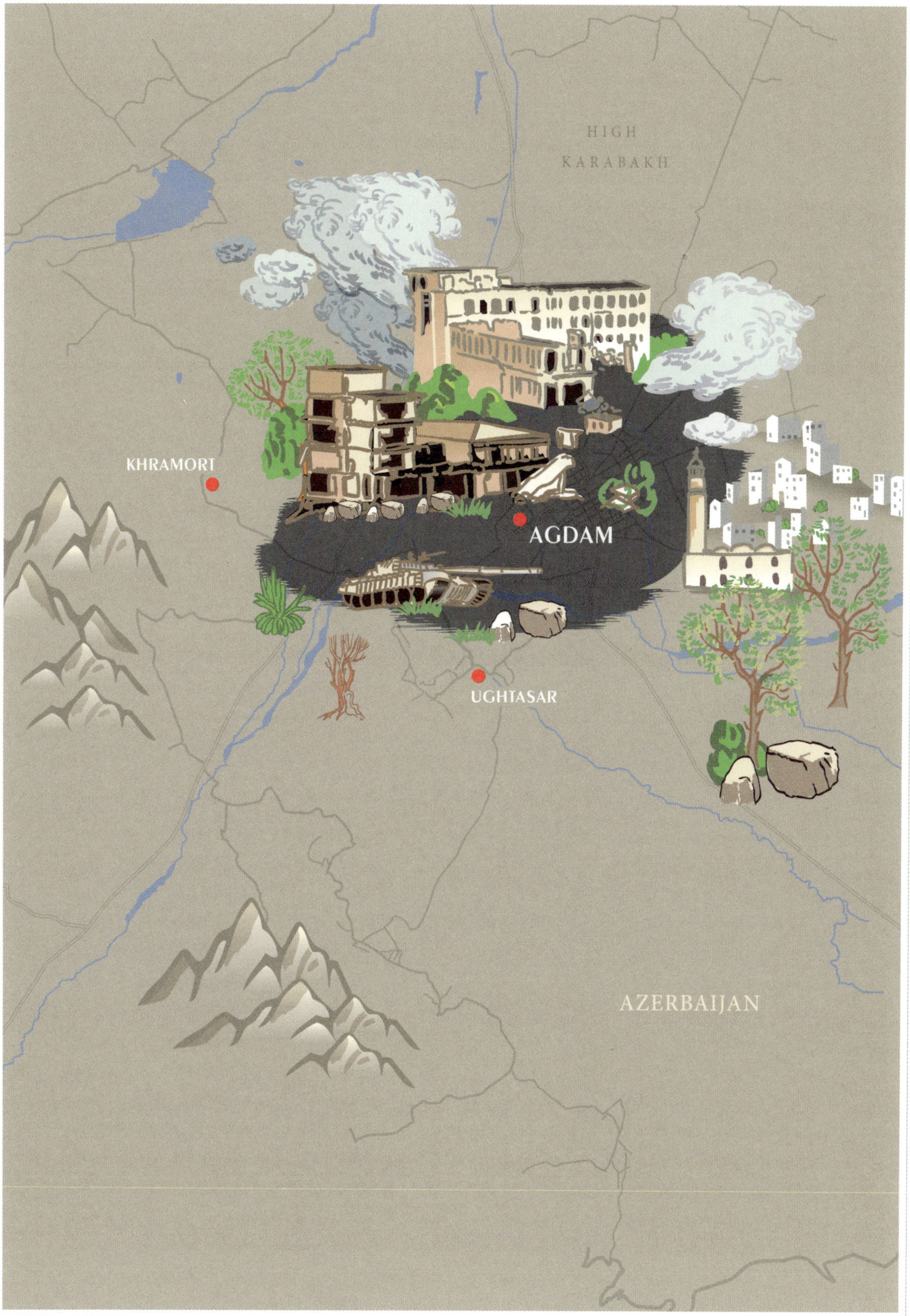
HIGH
KARABAKH
KHRAMORT
AGDAM
UGHTASAR
AZERBAIJAN

KAMBODSCHA • 13° 26' N, 103° 50' O

# ANGKOR

## »Hort antiker Geheimnisse …«

Von »antiken Geheimnissen« spricht Pierre Loti im Zusammenhang mit dem Tempel von Bayon, einem der berühmtesten Monumente der alten Hauptstadt des historischen Königreichs Kampuya, von dem sich der heutige Name Kambodscha ableitet. Obwohl zahllose Autoren über diese einzigartige archäologische Stätte geschrieben haben, von Pierre Loti bis André Malraux, bewahrt sie noch viele Geheimnisse. Die Anlage breitet sich über eine Fläche von 1000 Quadratkilometern aus, sie wurde unzählige Male geplündert und wird seit dem 19. Jahrhundert gründlich erforscht, vermessen und entziffert. Liegt es an der Poesie des Ortes, dass immer wieder romantische Hypothesen rund um seine Geburt, seinen Aufstieg und Niedergang aufkeimen? In einigen Punkten sind die Historiker sich einig: Im 9. Jahrhundert n. Chr., zu Beginn der von Jayavarman II. begründeten Khmer-Dynastie, beherrschte die Königsstadt sehr wahrscheinlich das gesamte Zentrum des heutigen Kambodscha. Der Herrscher, beseelt von der indischen Kultur und Anhänger des Shivaismus, hatte den Kult der göttlichen Königsherrschaft etabliert, des »Gottkönigs«, symbolisiert durch den auf einem Hügel errichteten Pyramidentempel. In ihrer Blütezeit hatte die Stadt knapp 750 000 Einwohner. Doch als das historische Königreich der Khmer zerfiel – der, wie in solchen Fällen üblich, viele Ursachen hatte –, kam der Niedergang. Ab dem 15. Jahrhundert hatten die Bewohner in steter Folge mit Überschwemmungen und Dürren zu kämpfen. Das ausgeklügelte Bewässerungssystem, das Angkor über Jahrhunderte zur Blüte verhalf, war brüchig geworden und bot keinen Schutz mehr für die Pflanzkulturen. Zu den ökologischen Ursachen kamen noch andere hinzu: Schwächung der königlichen Macht, Angriffe durch benachbarte Reiche, Ausbruch der Schwarzen Pest. Als im 16. Jahrhundert europäische Missionare nach Angkor kamen, war die Anlage so gut wie verlassen. Voll Staunen standen sie wohl vor den gewaltigen, von tropischer Vegetation überwucherten Ruinen, den geheimnisvollen grauen, mit grünen Flechten überzogenen Steinblöcken, den Überresten der Paläste, Türme und Tempel, der Statuen und Reliefs, die Bildnisse von Kriegern, Elefanten, Herrschern und Göttern zeigten.

*Drei Millionen Touristen besuchen alljährlich die alte Hauptstadt des Königreichs Kambodscha.*

THAILAND
LAOS
MEKONG
ANGKOR
CAMBODIA
PHNOM
PENH
VIETNAM
SOUTH
CHINA SEA
GULF
OF
THAILAND
THAILAND

Von diesem prachtvollen »Wald von Steinen unter einem Wald von Bäumen« erfährt die westliche Welt gegen Ende des 19. Jahrhunderts durch Berichte von Reisenden – und ist gebannt. Sofort beginnt die wissenschaftliche Erforschung. Seit den 1920er-Jahren ist Angkor ein beliebtes Touristenziel, fällt aber auch immer wieder skrupellosen Kunsträubern zum Opfer, die auch aus dem Westen kamen – wie die Affäre Malraux 1923 zeigt: Der junge avantgardistische Schriftsteller André Malraux bricht etliche Reliefs aus dem Tempel Banteay Srei und bringt sie nach Phnom Penh, von wo aus er sie nach Frankreich schaffen will. Er wird verhaftet, entgeht einer Gefängnisstrafe, muss die Stücke aber dem kambodschanischen Staat zurückgeben.

Doch auch ein Jahrhundert später gehen die Plünderungen weiter, obgleich Polizei-Spezialeinheiten eigens abgestellt sind, dies zu verhindern. Mehr als 30 internationale Teams arbeiten mittlerweile zusammen im Bemühen, das Juwel vor den Besuchermassen und dem Zahn der Zeit zu schützen. Der »Wald von Steinen« wirft weiterhin viele Fragen auf, vor allem über seine Entstehung. Kürzlich haben Forscher Spuren gefunden, die bis in die Bronzezeit zurückreichen. Mit der Methodik der Fernerkundung haben sie außerdem eine unerwartete Häufung von Holzbauten, Wasserbecken und Kanälen entdeckt, von deren Existenz man bis dahin nichts wusste. Dieser verwunschene Ort, der seit 1992 zum UNESCO-Weltkulturerbe zählt, birgt wohl noch viele Überraschungen.

Drei Millionen Touristen pro Jahr, hauptsächlich aus Asien, zeugen von der ungebrochenen Faszination des Ortes. Sie besichtigen Angkor Thom, die letzte an dieser Stelle erbaute Stadt, und die berühmte Tempelanlage Angkor Wat, das Glanzstück der Kunst der Khmer, das im 14. Jahrhundert in ein buddhistisches Heiligtum umgewandelt wurde. Nebenbei stellen sie verwundert fest, dass Angkor doch nicht ganz dem Götzen Mammon ergeben ist: Rund 120 000 Einwohner tragen zur Erhaltung der Stätte und des lokalen Kunsthandwerks bei, vor allem aber kommen alljährlich zahlreiche buddhistische Pilger nach Angkor Wat. Die Hauptstadt von Jayavarman II. hat einen Teil ihrer Seele behalten.

*Der »Wald von Steinen« wirft immer noch viele Fragen auf, insbesondere was seine Entstehung anbelangt: Erst kürzlich fand man Spuren aus der Bronzezeit.*

## DIE GEBURT DER BILDER

»Hier also die Tempel, die unserer Vorstellung so lange wie märchenhafte Visionen erschienen. Hier sind sie, die Fundamente, die Sockel, die Galerien, die außergewöhnlichen Kuppeln, die an gewellte Tiaren erinnern« (Claude Farrère, *L'Illustration*, 1931). In Angkor, genau wie auch in Teotihuacán oder in Tikal, versetzt die Entdeckung versunkener Kulturen die Forschungsreisenden des 19. Jahrhunderts in Entzücken. Doch jeder Entdecker deutet die neuen Welten auf eigene Weise, weshalb die Schilderungen französischer Missionare oder die des Sinologen Abel Rémusat für das Verständnis von Angkor nicht unbedingt erhellend sind. Erst die Stiche, die 1863 nach den bemerkenswerten Zeichnungen des Franzosen Henri Mouhot veröffentlicht wurden, vermitteln ein genaueres Bild von Angkor. Einen weiteren Eindruck von der Kunst der Khmer bieten die Fotografien des Schotten John Thomson um dieselbe Zeit, die der Wissenschaftler James Ferguson in seiner *Geschichte der Architektur* zeigt. Und so beginnt ein neues Kapitel: Dank der Bilder kommen nun auch erste »offizielle« Expeditionen nach Angkor.

IRAK • 32° 32' N, 44° 25' O

# BABYLON

## Ein zweiter Tod

Die hängenden Gärten, die Königin Semiramis, König Nebukadnezar: Legenden und Geschichten haben die Stadt Babylon berühmt gemacht. Die antike Stadt in Mesopotamien, im Herzen des heutigen Irak, liegt am Ufer des Euphrat, knapp 100 Kilometer südlich von Bagdad. Antiken griechischen Autoren zufolge geht die Gründung der Stadt auf Semiramis zurück, eine ebenso kriegerische wie baufreudige Herrscherin. Sie soll die Stadt mit massiven Befestigungsmauern versehen und ihren weitläufigen Palast mit hängenden Gärten geschmückt haben, die zu den Sieben Weltwundern der Antike zählen. Aber hat es sie wirklich gegeben? Archäologen haben keine Hinweise gefunden. In der Figur der Semiramis sind wohl zwei assyrische Königinnen verschmolzen. Und es gibt noch einen weiteren Mythos: den vom Turmbau zu Babel. In der Bibel heißt es, die Menschen in Babylon hätten einen gewaltigen Turm erbauen wollen, dessen Spitze bis an den Himmel reichen sollte. Als Gott dies sah, beschloss er, die Menschen für ihren Hochmut zu bestrafen und gab ihnen fortan allen verschiedene Sprachen. So konnten sich die Menschen nicht mehr untereinander verständigen. Handelt es sich beim Turm zu Babel um eine historisch nachgewiesene sehr hohe Zikkurat in Babylon? Das Geheimnis bleibt ungelöst. Die Anfänge der Stadt reichen bis ins frühe 2. Jahrtausend v. Chr. zurück. In jener Zeit haben die Könige von Babylon große kriegerische Erfolge und machen aus der Stadt ein überaus wichtiges politisches und religiöses Zentrum. Ihren Höhepunkt erlebt sie im 7. und 6. Jahrhundert v. Chr., als das Königreich Babylon sich von der Grenze der heutigen Türkei bis an den Rand von Persien und Ägypten erstreckt. Babylon wird von den Persern erobert, danach von Alexander dem Großen, und später fällt es verschiedenen ausländischen Dynastien anheim und verliert seine Hegemonie. Der Niedergang der Stadt zieht sich über Jahrhunderte hin. Als der römische Kaiser Trajan im Jahr 115 n. Chr. nach Babylon kommt, findet er dort mehr Ruinen vor als Einwohner. Nur der Mythos einer Stadt überlebt, die in der Heiligen Schrift mehrfach erwähnt ist als Inbegriff der sündigen Stadt. »Babylon, die Große, die Mutter der Huren und aller Abscheulichkeiten«, heißt es in der Apokalypse. Im 19. Jahrhundert beginnen Ausgrabungen, die auf über tausend Hektar verstreute Funde zutage fördern. Saddam Hussein will nach seiner Machtübernahme Babylon zu einem bevorzugten Propagandainstrument machen. 1987 ruft er ein internationales Festival ins Leben. Motto: »Von Nebukadnezar zu Saddam Hussein – Babylon beschwört seine Glorien«.

Seitdem haben der Golfkrieg, die amerikanische Invasion und das Chaos nach dem Sturz Saddam Husseins die archäologischen Funde stark gefährdet. Das einst so mächtige und gefürchtete Babylon könnte ein zweites Mal sterben.

TURKEY
LAKE URMIA
SYRIA
MOSUL
TIGRIS
EUPHRATES
IRAN
IRAQ
EUPHRATES
BAGHDAD
BABYLON
BASRA
SAUDI ARABIA
KUWAIT
ARABIAN GULF

IRAN • 29° 06' N, 58° 21' O

# BAM

## Die ausgelöschte Zitadelle

Die Stadt aus der *Tatarenwüste*! Als der Regisseur Jacques Perrin die ersten Fotos von Bam sieht, weiß er, dass sein Traum, Dino Buzzatis Buch zu verfilmen, Wirklichkeit werden kann. Und er sollte recht behalten: In dem 1976 unter der Regie von Valerio Zurlini gedrehten Film bietet die iranische Zitadelle die ideale Kulisse für diese melancholische Geschichte über die Flüchtigkeit der Zeit und enttäuschte Hoffnungen. Mit ihren 67 Türmen, ihren unendlich langen, zinnenbewehrten Mauern, dem Straßengewirr, den Bogengewölben und Kuppeln spielt Bam die Rolle der Festung Bastiani perfekt, die einsam in einer Landschaft aus Wüste und Bergen liegt. Die reale Stadt Bam, eine wichtige Oase an der Seiden- und Gewürzstraße, bedeckt eine Fläche von mehr als sechs Quadratkilometern. Sie entstand vor über 2500 Jahren in der großen Wüste im Südosten des heutigen Iran und wurde komplett aus Palmenstämmen und handgeformten, quaderförmigen und in der Sonne getrockneten Lehmziegeln erbaut. Damit ist Bam die größte in dieser Bauweise errichtete Stadt der Welt. Im Lauf der Jahrhunderte wurde die Stadt erweitert und massiv befestigt, aber auch mehrfach angegriffen, zerstört und wiederaufgebaut. Im 13. Jahrhundert, als Marco Polo die Stadt Bam in seinem Reisebericht *Die Wunder der Welt* unter der Überschrift »Paläste und Städte mit hohen und dicken Mauern« erwähnt, erholt sie sich gerade von den Verheerungen durch Dschingis Khan. Zum letzten Mal wiederaufgebaut wird die Stadt unter der Safawiden-Dynastie zwischen dem 16. und 18. Jahrhundert. Das alte Bam, eine von vier Mauern bewehrte Festungsanlage, wurde auf einer Anhöhe errichtet und gleicht den ummauerten Städten, die wir in Europa aus dem Mittelalter kennen. Die Festung mit einem hohen Wachturm, einer Mühle, Kasernen und einem Palast diente bis Mitte des 19. Jahrhunderts als Militärlager. Die Altstadt, die nach der afghanischen Invasion 1722 teilweise verlassen wurde, zählte rund 400 Häuser, etliche mit *badgirs*, den für die persische Architektur typischen Windtürmen. In Bam gab es eine Schule, einen Basar, Bäckereien, öffentliche Bäder, Stallungen, Moscheen, eine Karawanserei und ein Zurkaneh, ein »Krafthaus«, in dem die traditionellen Kampfsportarten ausgeübt wurden. Mehrere öffentliche Gär-

*Die ideale Kulisse für eine melancholische Geschichte über die Flüchtigkeit der Zeit und enttäuschte Hoffnungen*

LUT
DESERT
IRAN
KUH-E RUD
BAM
JIROFT

ten beherbergten genügend Haustiere, um lange Belagerungen durchzustehen.
Mitte des 19. Jahrhunderts gaben die Bewohner aus nicht bekannten Gründen die ummauerte Stadt auf. Nicht weit entfernt ließen sie sich nieder und gründen eine neue Stadt, das heutige Bam. Anfang des 20 Jahrhunderts, mit der Ankunft von Touristen aus dem Iran und anderen Ländern, beginnt für Bam ein ganz anderes Leben. Alle kommen, um dieses architektonische Juwel zu sehen, um dessen Restaurierung sich die Regierung seit den 1950er-Jahren bemühte. Die Mauern bekamen eine künstliche Frische, und die Stadt wirkte ein bisschen wie eine neu erbaute Sandburg. Zur Sanierung wurden aber strikt nur traditionelle Techniken und Materialien verwendet.
Die Iraner erinnern sich heute noch genau an jenen Morgen im Juli 2003, als ein gewaltiges Erdbeben die jahrtausendealte Zitadelle innerhalb von sieben Minuten vollständig zerstörte. Über 30 000 Menschen sterben. Ein Großteil der Bauwerke wird zerstört, zumal viele nicht erdbebensicher gebaut waren. Zurück bleiben eingestürzte Mauern, zerbrochene Kuppeln, zerfallene Bögen und Säulen, die von Sand- und Staubstürmen weiter zerstört werden. Wie das neue Bam, das von Grund auf wiederaufgebaut werden musste, profitierte auch die Zitadelle von einem Sanierungsprogramm, an dem sich bis heute zahlreiche Länder beteiligen, allen voran Japan, Italien und Frankreich. Zehn Jahre nach dem Erdbeben sehen die markantesten Bauwerke wieder aus wie einst. Die Lehmziegelwerkstatt arbeitet auf Hochtouren, und an den Mauern wachsen Gerüste empor. Ein vollständiger Wiederaufbau ist aber nicht geplant. Die Authentizität des Ortes würde darunter leiden, zumal die Experten in den Ruinen auf Mauerspuren gestoßen sind, die noch viel älter sind, manche möglicherweise 6000 Jahre alt. Diese bislang unbekannten Relikte müssten geschützt werden, so die Forscher, und dürften nicht durch weitere Bauten zerstört oder beschädigt werden.

*Im Lauf der Jahrhunderte wurde Bam mehrfach angegriffen, zerstört und wiederaufgebaut.*

Flaniert man auf den restaurierten Wehrgängen, bietet sich ein überwältigender Blick über die von Eukalyptusbäumen gesäumten Straßen der Stadt aus einfarbigem Stein, dahinter unendliche Wüste.

*Der Blick über die von Eukalyptusbäumen gesäumten Straßen der Stadt ist überwältigend.*

INDIEN • 27° 6' N, 77° 40' O

# FATEHPUR SIKRI

## Die vergängliche Hauptstadt

Fatehpur Sikri, die einstige Hauptstadt des Mogulreichs, deren rosafarbene Kuppeln hoch in den milchigen Himmel ragen, erhebt sich über einer weiten Ebene mit leuchtgelben Senffeldern. Großmogul Akbar ließ sie ab 1569 auf einem Felsplateau südwestlich von Agra erbauen. Beunruhigt darüber, dass er mit 26 Jahren noch immer keine Nachkommen hatte, suchte Akbar einen für seine Weisheit berühmten Eremiten auf, der ihm einen Sohn prophezeite. Ein Jahr später erfüllte sich die Weissagung, und Akbar beschloss, seine Hauptstadt an den Wohnsitz des weisen Eremiten zu verlegen: in die Hügel von Sikri.

In Fatehpur Sikri mischen sich arabische, persische und hinduistische Einflüsse. Damit ist die Stadt ein Abbild des aufgeklärten Großmoguls, der sich sehr für die Künste interessierte und von tiefer Frömmigkeit erfüllt war. Die Kargheit der nackten Steine macht es heute schwer vorstellbar, dass hier einst Waffengeklirr und höfisches Stimmengewirr durch die Mauern hallten, die fantasievolle Architektur aber vermittelt bis heute einen lebendigen Eindruck von diesem Glanzlicht der Mogulkultur. Das bunte Gewimmel und der Lärm des Dorfs, das sich am Fuß der toten Stadt befindet, verschwinden wie durch Zauberhand, kaum dass man das Tor zum Gebäudekomplex der alten Mogulstadt durchschritten hat, die geschützt hinter ihren Befestigungsmauern liegt. Um einen weiten Platz im Innern gruppieren sich Sommer- und Winterresidenzen, die Haremspaläste von Akbars drei Gemahlinnen (einer christlichen, einer hinduistischen und einer muslimischen), Moscheen, Pavillons und Geschäfte mit Schatten spendenden Vordächern, Terrassen und ein Labyrinth von Gassen. Die Bauten sind allesamt reich verziert mit beeindruckenden Säulen, Kapitellen und Fenstern aus rötlichem Stein, der so filigran bearbeitet ist, fast wie aus Holz geschnitzt. Die Palastanlage von Fatehpur Sikri hat den indischen Städtebau nachhaltig beeinflusst, wie insbesondere die Architektur der Altstadt von Delhi zeigt.

Zwölf Jahre lang, von 1573 bis 1585, lebte Akbar mit seinem Hofstaat in Fatehpur Sikri, bis Konflikte mit afghanischen Stämmen ihn zwangen, seinen Hof nach Lahore zu verlegen. 1619 wurde Fatehpur Sikri noch einmal kurzzeitig als Herrschersitz wiederbelebt, als Akbars Sohn Jehangir vor einer Pestepidemie aus Agra floh. Doch eine jahrelang anhaltende Dürre trocknete die künstlich angelegten Seen und Wasserbecken aus. Die Stadt musste wegen Wassermangel endgültig aufgegeben werden und zerfiel. Nach einem langen Dornröschenschlaf wurde die Mogulstadt Ende des 19. Jahrhunderts wiederentdeckt. Sie ist bevölkert von Affen, Eichhörnchen und Raben, die sich im verlassenen Hof der großen Moschee rund um das Grabmal des weisen Eremiten tummeln – einem Meisterwerk aus fein bearbeitetem Marmor. Ohne diesen heiligen Mann hätte es Fatehpur Sikri nie gegeben.

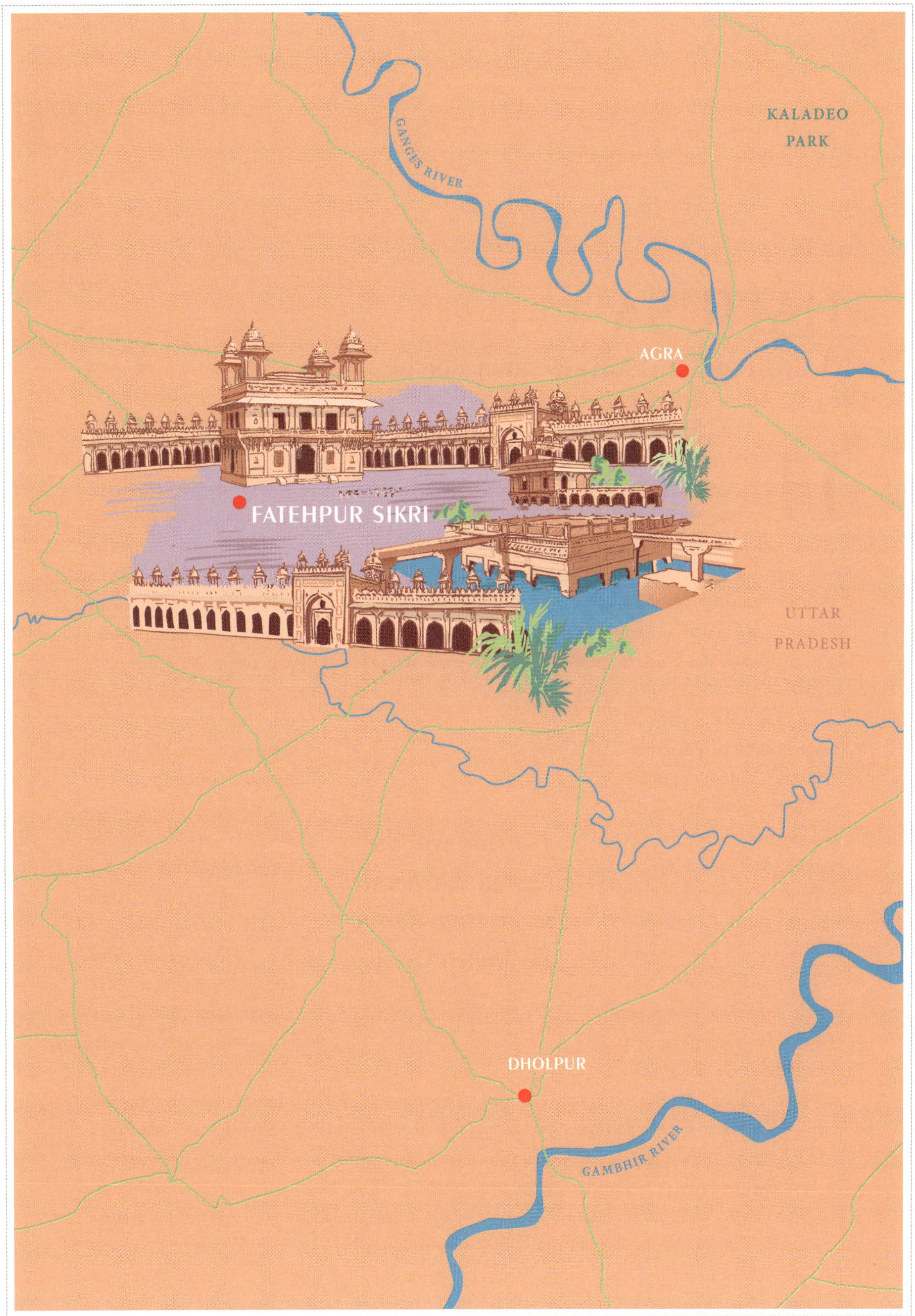
KALADEO
PARK
GANGES RIVER
AGRA
FATEHPUR SIKRI
UTTAR
PRADESH
DHOLPUR
GAMBHIR RIVER

TÜRKEI • 40° 01' N, 34° 38' O

# HATTUSA

## Hauptstadt eines vergessenen Reiches

Hattusa, geheimnisvoller und unbekannter als jede andere antike Stadt, ist dank einer kurzen Erwähnung in der Genesis (dem 1. Buch Moses mit der Schöpfungsgeschichte) nicht aus der Erinnerung verschwunden. 1834 stößt ein französischer Archäologe, der durch Kleinasien reist, auf Ruinen nahe des Dorfs Bogazkale im Herzen des zentralanatolischen Hochlands. Er glaubt, die alte Stadt Tavion gefunden zu haben, die bei Herodot und Strabo erwähnt ist. Ein Irrtum: Tatsächlich handelt es sich um die Überreste von Hattusa, der einstigen Hauptstadt des Königreichs der Hethiter. Schrifttafeln, die 1880 im ägyptischen Amarna gefunden werden, bestätigten dies. In dieser abgelegenen Region Anatoliens, unweit des Flusses Kizilirmak, lag Hattusa, die Hauptstadt eines der mächtigsten Königreiche im Nahen Osten, oberstes religiöses Zentrum, Kreuzungspunkt vieler Handelswege, auf denen Erze und Stoffe transportiert wurden. 1906 beginnt ein deutscher Archäologe mit den Ausgrabungen, die einen wahren Schatz zutage fördern: Tausende von Tontafeln mit Keilschrift, die Aufschluss über Diplomatie, Politik, Religion und Rechtswesen der Hethiter geben. Aber die Schrifttafeln verraten nicht alles. Sie erzählen weder vom Untergang der Stadt noch vom Ende des Hethiter-Reichs. Im ausgehenden 19. Jahrhundert konzentrieren sich die Forschungen auf das Volk der Hethiter, über deren Kultur man bis dahin nichts wusste. Ein Rätsel aber besteht bis heute: Hattusa kontrollierte einst etliche Vasallenstaaten, von Anatolien bis Syrien, war aber schon ein Jahrhundert nach seiner Blüte, im 13. Jahrhundert v. Chr. verschwunden. Spuren von Zerstörungen an den Ruinenmauern beschäftigen die Archäologen bis heute. Hattusa wurde im Lauf seiner überaus wechselvollen Geschichte mehrfach erobert und möglicherweise Opfer von Plünderungen. Fest steht: Der Niedergang der Stadt und die Zerstörung durch Invasoren hatte bereits begonnen, als die Stadt zugunsten einer neuen Hauptstadt aufgegeben wurde. Heute beeindruckt der wiederentdeckte Ort mit ausgegrabenen und rekonstruierten Bauwerken mitten in einer faszinierenden Felslandschaft. Die Lage in 1200 Metern Höhe auf einem Bergplateau, wo weitere Felsen gen Himmel ragen, lässt erahnen, wie wehrhaft und großartig die Stadt in ihrer Blütezeit einst war. Damals war die Region nicht so trocken wie heute, wo kaum

*Hattusa war die Hauptstadt eines der mächtigsten Reiche im Nahen Osten*

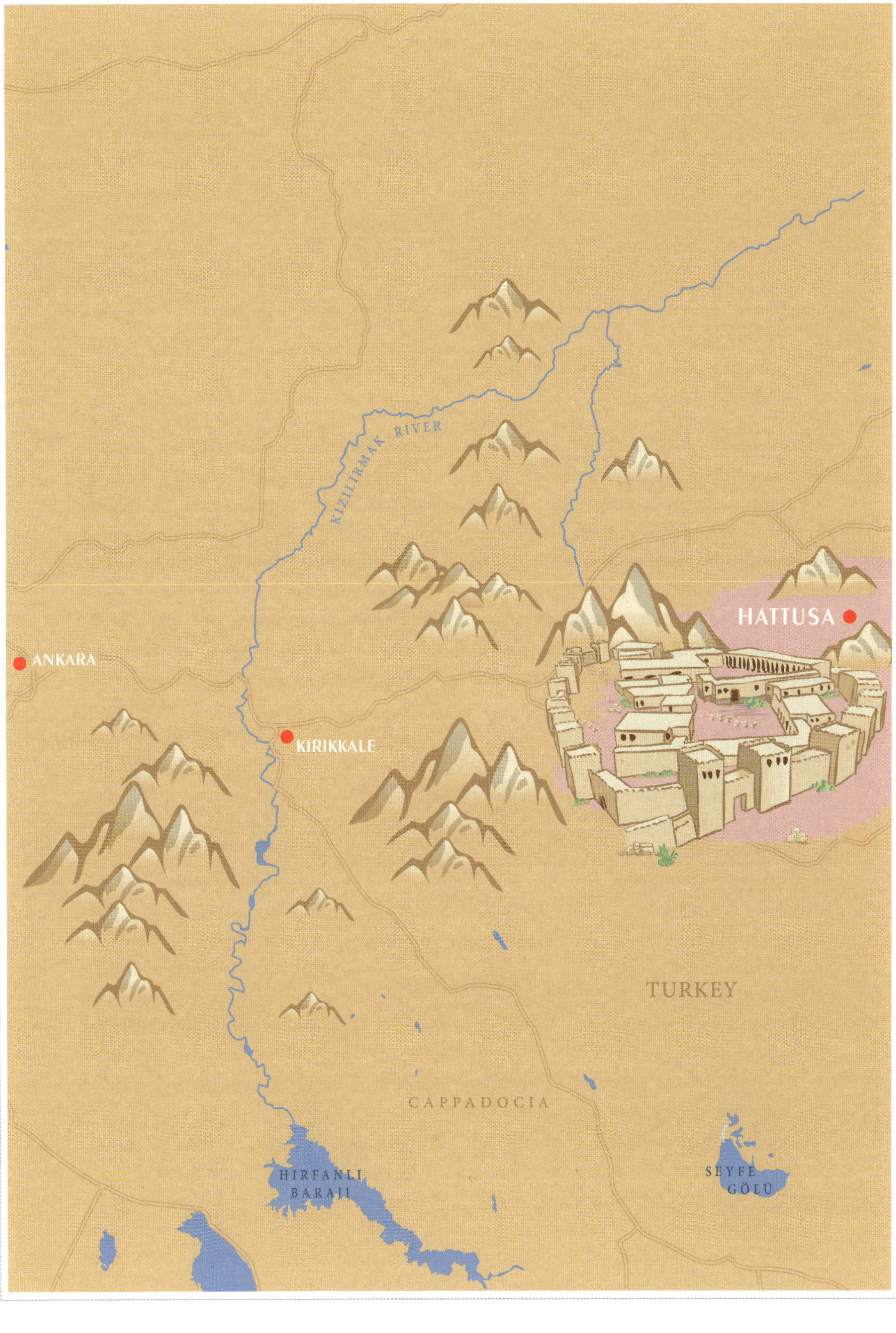
KIZILIRMAK RIVER
HATTUSA
ANKARA
KIRIKKALE
TURKEY
CAPPADOCIA
HIRFANLI
BARAJI
SEYFE
GÖLÜ

ein Grün zwischen den Felsen sprießt. Seit den ersten Entdeckungen haben Ausgrabungen einen Komplex zutage gefördert, der sich über mehr als 160 Hektar erstreckt. Von der doppelt angelegten Befestigungsmauer mit ihren viereckigen Türmen aus gewaltigen Steinblöcken, die die Stadt auf einer Länge von sechs Kilometern umschloss, sind große Stücke erhalten. Der Plan der Stadt ist bis heute am Boden ablesbar. Die »große Festung«, die Büyükkale, war zentral auf einem steilen Felsvorsprung angelegt, beherbergte die königlichen Gemächer und thronte über der »Unterstadt«. Dieser Ort wurde vermutlich bereits im dritten vorchristlichen Jahrtausend von den Hattiern besiedelt, einem Volk, das die Hethiter später unterwarfen. Südlich von Büyükkale liegt die »Oberstadt«, die sehr viel später erbaut wurde, vermutlich erst im 13. Jahrhundert v. Chr., als Hattusa, das eine Zeitlang von einer anderen Stadt in den Schatten gestellt worden war, wieder zur Hauptstadt der Hethiter wurde. Im Süden, dort, wo die Stadt am verwundbarsten war, findet sich ein weiteres eindrucksvolles Bauwerk: der Wall von Yerkapi, ein gigantischer künstlicher Erdwall mit einer Basisbreite von gut 80 Metern und einer Wallkrone aus ungebrannten Ziegeln. Ein Abschnitt des Walls mit seinen zinnenbewehrten Türmen wurde unlängst rekonstruiert. Auch mehrere Stadttore sind noch zu erkennen: das Sphinxtor, das seinen Namen den Statuen verdankt, die es flankierten; das »Löwentor« und das sogenannte »Königstor« mit der plastischen Darstellung eines mit Axt und Schwert bewaffneten Gottes. Die Ruinen und Überreste der Skulpturen lassen erahnen, dass hier einst prächtige königliche und religiöse Prozessionen vorbeizogen, dass Waffengeklirr die Stadt erfüllte, wenn die hethitischen Soldaten in ferne Schlachten zogen wie gegen die Truppen Ramses II., dass unablässig Karawanen kamen und die Stadt mit Waren versorgten, um langen Belagerungen zu trotzen. Hattusa wurde vergessen, wiederentdeckt, blieb unverstanden und wurde letztendlich doch noch erkannt.

*Heute beeindruckt der wiederentdeckte Ort mit ausgegrabenen Bauwerken mitten in einer faszinierenden Felslandschaft.*

Seit 1986 steht die Stadt zusammen mit dem benachbarten Heiligtum Yazilikaya auf der Liste des Weltkulturerbes der UNESCO. Noch immer hat sie nicht alle ihre Geheimnisse preisgegeben, und die Geschichte ihres Untergangs ist bis heute ein Rätsel.

*Seit 1986 steht Hattusa auf der Liste des Weltkulturerbes der UNESCO.*

JAPAN • 34° 23' N, 132° 27' O

# HIROSHIMA

## Weiterleben nach der Katastrophe

Du hast nichts gesehen in Hiroshima.« Diesen bedeutungsschweren Satz wiederholt der japanische Schauspieler Eiji Okada in Alain Resnais' Film *Hiroshima mon amour* unablässig. Er drückt eine furchtbare Feststellung aus: Wer das Grauen nicht selbst erlebt hat, kann es nicht nachvollziehen. Jeder kennt den Namen dieser Küstenstadt auf der Insel Honshu, die im Zweiten Weltkrieg ein strategisch wichtiges industrielles Zentrum war. Am Morgen des 6. August 1945 wurde sie durch den ersten Atombombenabwurf in der Geschichte binnen Sekunden ausgelöscht. Unvergesslich sind die Bilder, wie der gigantische Atompilz gen Himmel steigt, in nur zwei Minuten eine Höhe von 10 000 Metern erreicht und eine gewaltige Druckwelle auslöst. Dort, wo die vollkommen zerstörte Stadt gestanden hatte – die überwiegend aus Holzhäusern erbaut war –, gähnte nun ein Schlammloch, aus dem Betonteile und verkohlte Baumskelette ragten. Die schwer erträglichen Bilder von Überlebenden mit schrecklichen Verbrennungen – die *hibakusha* – sind ebenso unvergessen wie die unzähligen Bilder von krebskranken Menschen oder missgebildeten Neugeborenen aus den Jahren und Jahrzehnten danach, die uns vor Augen führen, dass die Wissenschaft nicht nur Fortschritt verheißt, sondern auch Zerstörung bringen kann.

Heute sieht Hiroshima, die vollständig aus Schutt und Trümmern wiedererstandene Stadt, aus wie jede andere japanische Großstadt. Sie zählt eine Million Einwohner – gegenüber 300 000 vor der Zerstörung, darunter tausende Zwangsarbeiter aus China und Korea – und wurde am Reißbrett entworfen. Mehrere Flüsse fließen auf ihrem Weg zum Meer hindurch. Neben lärmenden Hauptverkehrsadern mit modernen Bürokomplexen aus Glas und Stahl, Straßen mit quirlig buntem Nachtleben und ruhigen modernen Wohnvierteln findet man bis heute Zeugnisse des Wiederaufbaus aus den 1950er-Jahren.

So etwa die Burg, ein massives, fünfstöckiges Bauwerk in der charakteristischen Architektur der Feudalära mit geschwungenen Dächern aus der Zeit um 1590, wurde nach dem Zweiten Weltkrieg aus Stahlbeton nachgebaut. Andere Monumente erinnern an das Martyrium der Opfer der Katastrophe. Die meisten befinden sich im Friedenspark: das Friedensdenkmal Genbaku, auch Atombombenkuppel genannt, ein Ausstellungsgebäude, das durch die Explosion zerstört wurde und dessen ausgebrannte Überreste erhalten wurden; das Friedensmuseum des Architekten Kenzo Tange mit dem Kenotaph, einem Mahnmal für die Opfer, an dem jedes Jahr der Menschen gedacht wird, die beim Atombombenabwurf über Hiroshima oder an den Folgen der Verstrahlung gestorben sind. Fast 70 Jahre sind seither vergangen, doch die erste Nuklearkatastrophe der Geschichte bewegt die Menschen noch immer.

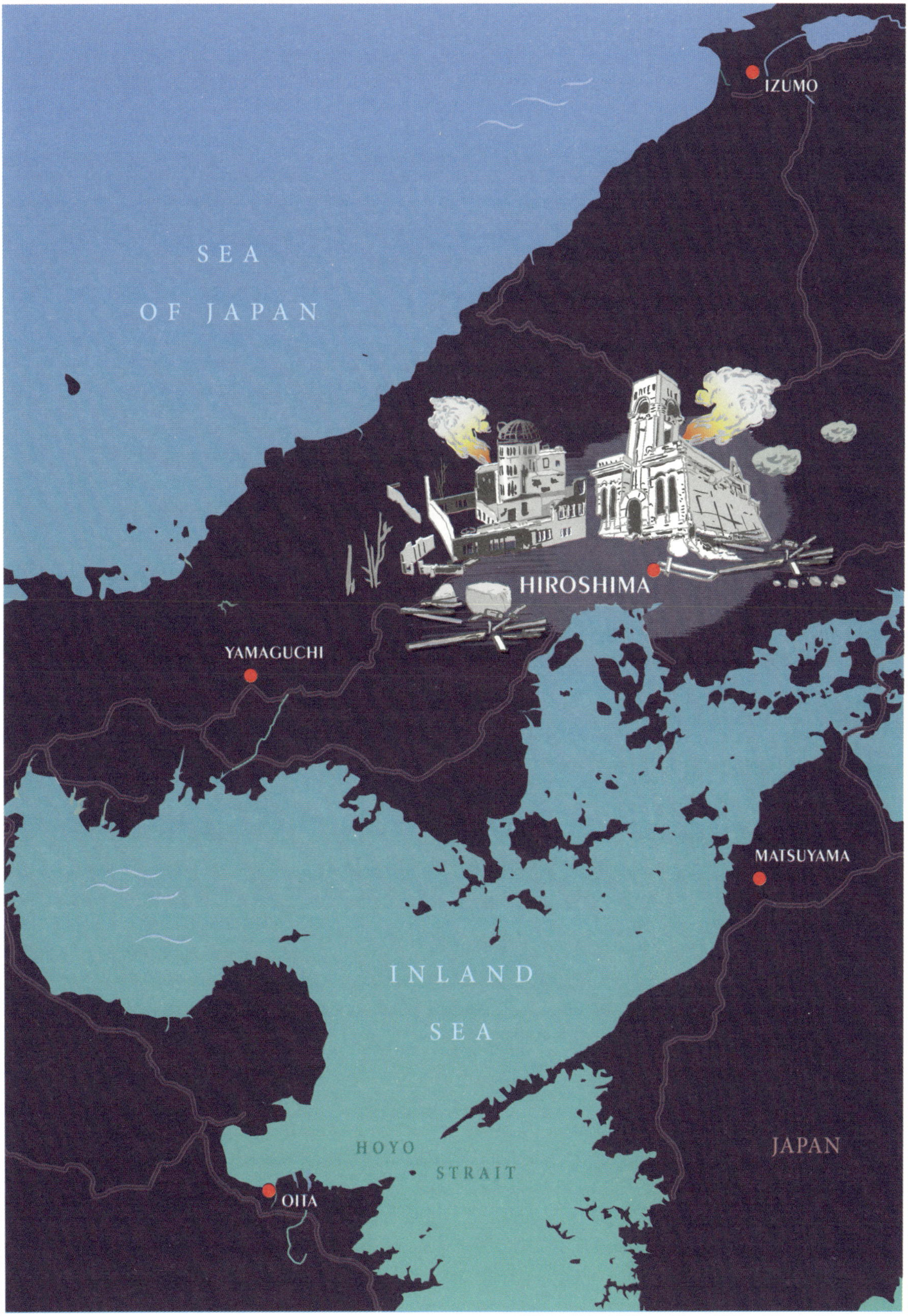
IZUMO
SEA
OF JAPAN
HIROSHIMA
YAMAGUCHI
MATSUYAMA
INLAND
SEA
HOYO
STRAIT
JAPAN
OITA

JAPAN • 32° 37' N, 129° 44' O

# HASHIMA – INSELSTADT

## Die »Schlachtschiff-Insel«

Wer denkt bei Hashima, den der Bond-Bösewicht Raoul Silva, gespielt von Xavier Bardem im James-Bond-Film *Skyfall* aus dem Jahr 2012, als Schlupfwinkel nutzte, nicht an die fantastischen Welten des Zeichners Enki Bilal oder des Filmemachers Jean-Pierre Jeunet? Nichts an Hashima wirkt natürlich. Aber manchmal übertrifft die Realität die Fiktion: Die Phantomstadt aus dem Film von Sam Mendes existiert tatsächlich, auf einer Insel im Pazifischen Ozean vor der japanischen Küste. Wer die verlassene Insel besucht, fragt sich, ob sie einst eine Gefängnisinsel war, wo das Wasser jeden Fluchtversuch von vornherein unmöglich machte? Oder eine Festung, die die zahllosen unbewohnten Inseln in der Umgebung kontrollierte? Oder ein gewaltiges Schlachtschiff, das nach einer unbekannten Katastrophe hier gestrandet ist. Die Insel Hashima (japanisch: *Gunkanjima*, »Schlachtschiff-Insel«) ist nichts von alledem. Vielmehr bestimmte die Entdeckung riesiger Kohlevorkommen im 19. Jahrhundert ihr Schicksal.

*Die Phantomstadt aus Skyfall existiert tatsächlich, auf einer Insel vor der japanischen Küste.*

In der Meiji-Ära (1868–1912) beginnt für Japan die Moderne, und Kohle, ein kostbarer Rohstoff, der für die wirtschaftliche Entwicklung des Reichs eine so große Rolle spielt, weckt allerlei Begehrlichkeiten. 1890 erwirbt das Unternehmen Mitsubishi diesen knapp sechs Hektar großen Stein im Meer, umgibt ihn mit Deichen und Kaianlagen, siedelt Bergleute an und plündert die Kohlefelder. Die Arbeitsbedingungen sind extrem hart, die Arbeiter und ihre Familien leben unter mehr als spartanischen Verhältnissen. Weil Land knapp ist und teilweise dem Meer abgerungen werden muss, werden sie in Hochhäusern untergebracht, wo die Wohnungen an Mönchszellen erinnern. Immerhin vermitteln Gemeinschaftsküchen und Sanitäreinrichtungen einen Hauch von Komfort. Sämtliche Bauten werden aus Beton errichtet, einem Material, das damals als modern und revolutionär gilt. 1916 herrscht reges Leben auf der Insel mit ihren rund 3000 Bewohnern, mehreren Schulen, einem Krankenhaus und zahlreichen Geschäften. 1941, als Japan in den Zweiten Weltkrieg eintritt, fördert die Insel eine Jahresproduktion von 410 000 Tonnen Kohle. Im Jahr darauf werden koreanische und chinesische Zwangsarbeiter nach Hashima gebracht zum Aus-

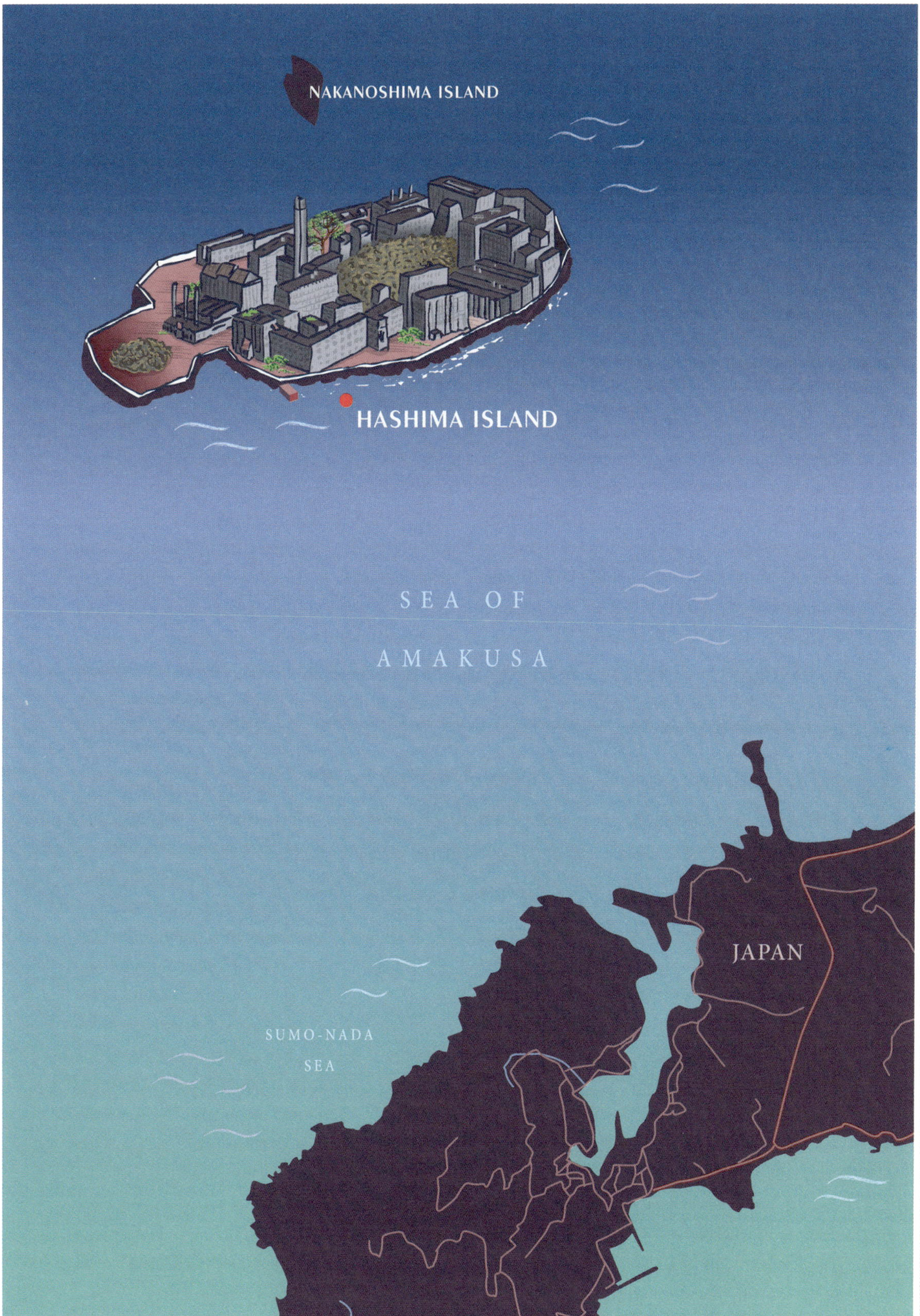
NAKANOSHIMA ISLAND
HASHIMA ISLAND
SEA OF
AMAKUSA
SUMO-NADA
SEA
JAPAN

gleich für die japanischen Bergarbeiter, die in den Krieg gezogen sind. Viele Zwangsarbeiter kommen durch Unfälle oder Krankheiten ums Leben. Nach 1945 treibt der Koreakrieg die Kohleproduktion in die Höhe. 1959 zählt die Insel 5300 Bewohner, das entspricht 84 100 Einwohner pro Quadratkilometer. Noch mehr sind es in den am meisten urbanisierten Teilen des winzigen Eilands. Hashima hat damit die höchste Bevölkerungsdichte weltweit und ist lebendiger denn je. Es bietet seinen Bewohnern alle erdenklichen Annehmlichkeiten: ein Kino, Kneipen, einen buddhistischen Tempel, ein schintoistisches Heiligtum und sogar ein Bordell. Weil Grünflächen fehlen, werden hängende Gärten auf den Dächern angelegt; das Erdreich dafür hat man teuer herbeigeschafft. Der Niedergang von Hashima beginnt Ende der 1960er-Jahre, als das Erdöl nach und nach die Kohle verdrängt. Der Kohleabbau auf diesem steinigen Fleck im Meer wird zu teuer. Die Einwohner verlieren ihre Arbeit und verlassen das zubetonierte Eiland nach und nach. 1974 schließt Mitsubishi die letzte Kohlemine, und Hashima wird endgültig aufgegeben.

*Mit seinen dichtgedrängten Reihen einförmig grauer Gebäude erinnert der verlassene Ort an ein Gemälde von Piranesi.*

Aus Sicherheitsgründen bleibt Besuchern der Zutritt jahrelang verwehrt. Unterdessen verrichten Stürme und die Seeluft ihr zerstörerisches Werk. Seit 2009 gibt es wieder eine Schiffsverbindung. Erste Besucher setzen ihren Fuß auf die Insel, begierig, diesen seltsamen Ort zu erkunden mit seinen dicht gedrängten Häuserreihen, den einförmig grauen, halb verfallenen, von Unkraut umwucherten Gebäuden, der an ein Gemälde von Piranesi erinnert. Ein wahres Labyrinth von Treppen und schmalen Gängen durchzieht den Ort, denn Platz auf der Insel war rar. Wer über meterhohe Schuttberge klettert, kann verlassene Wohnungen besichtigen, wo Gebrauchsgegenstände und Möbel einen Eindruck vom damaligen Leben geben. Viele, die heute als Tagesbesucher auf die Insel kommen, bewegen sich auf den Spuren ihrer Vergangenheit. Die einstigen Bewohner von Hashima haben sich mittlerweile in einem Verein zusammengeschlossen. Sie möchten, dass Hashima in die UNESCO-Liste des Weltkulturerbes aufgenommen wird zum Gedenken an all jene, die auf diesem unwirtlichen Felsen im Meer gelebt und gelitten haben.

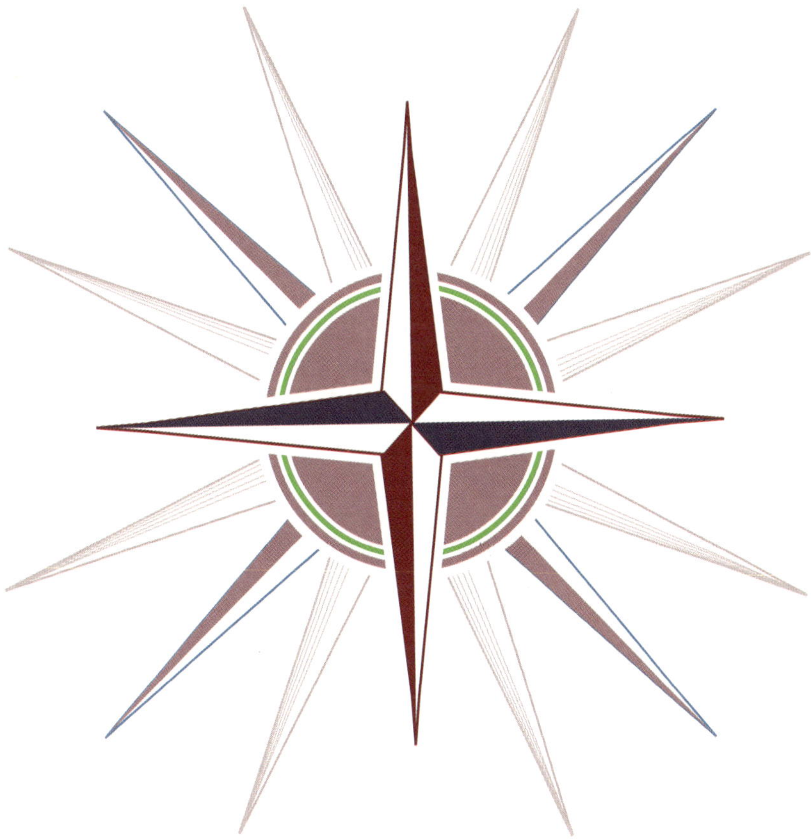

*Seit 2009 gibt es wieder eine Schiffsverbindung zur Insel, und ehemalige Bewohner kommen, um sich auf die Spuren ihrer Vergangenheit zu begeben.*

RUSSLAND • 63° 00' N, 146° 57' O

# KADYKTSCHAN

## Im »Land des weißen Todes«

Fotografien aus den 1960er-Jahren zeigen eine schmucke Stadt, umgeben von Bergen und grünen Wiesen: reine Propaganda. Ein Blick auf die Landkarte lässt erahnen, dass die Realität wohl weniger freundlich ausgesehen hat. Kadyktschan liegt im äußersten Osten Russlands, im sibirischen Kolymagebirge, wo das Klima unvorstellbar rau ist. Jahrzehntelang sprachen die Sowjetbürger den Namen dieser Region nur flüsternd aus, denn im sogenannten »Land des weißen Todes« schufteten hunderttausende Zwangsarbeiter im Gulag, Stalins Straflagern. Unter unvorstellbar harten Bedingungen, die zahllose Menschen das Leben kostete, erfuhren diese kostenlosen Arbeitskräfte eine »Umerziehung« durch Arbeit. Sie rangen der Erde die sagenhaften Reichtümer ab, die an der Kolyma in reicher Fülle vorhanden waren: Gold, Silber, Kupfer, Uran, Kobalt, Diamanten, Kohle. Letzterem verdankt Kadyktschan seine Gründung Ende der 1930er-Jahre.

Die Geschichte ist exemplarisch: Neben drei Tagbauwerken, die sofort in Betrieb gehen, ziehen die Gefangenen hastig Barracken hoch und errichten später eine richtige Stadt. Stalins Tod 1953 sowie die vorsichtige Liberalisierung unter Chruschtschow ändern nichts am Schicksal der ehemaligen Gefangenen. Die meisten entscheiden sich zu bleiben und weiter im Kohlebergbau zu arbeiten, unter nach wie vor sehr harten Bedingungen. In den 1960er-Jahren hat Kadyktschan rund 10 000 Einwohner. Die Stadt wird moderner, bekommt Gemeinschaftseinrichtungen, doch sie bleibt ein Universum für sich. Wie hätte es auch anders sein können angesichts eines Klimas, das die Region die meiste Zeit im Jahr komplett vom Rest der Welt abschneidet? Der Sturz des kommunistischen Systems, der Niedergang der Kohleproduktion nach dem Regimewechsel und die Erschöpfung der Kohlevorkommen bringen das Ende der Stadt. Die Bevölkerungszahl geht seit 1990 zurück. 1996 sterben bei einer Explosion in einem Tagebauwerk sechs Menschen. Mit der Katastrophe ist das Schicksal von Kadyktschan besiegelt. Die russische Regierung stoppt die Kohleförderung und bietet den letzten Bewohnern eine magere Entschädigung, wenn sie sich anderswo niederlassen. Vom Rest der Welt vergessen, senkt sich bald Totenstille über die Stadt.

Eisige Winde fegen durch die Straßen voller Schlaglöcher, die meist verhüllt sind von dichtem Eisnebel. Die Stadt mit ihren Wohnblöcken, von denen die Farbe blättert, und den verlassenen Spielplätzen, verströmt eine tiefe Melancholie. Auf der Fassade eines Kulturzentrums prangt noch der Schriftzug *sewodnja* (»Heute«), die Ankündigung einer Veranstaltung. Briefkastendeckel klappern im Wind, und in den Schulen erinnern auf dem Boden verstreute Bücher daran, dass es hier einst Leben gab, Kinderlachen und Augenblicke der Freude.

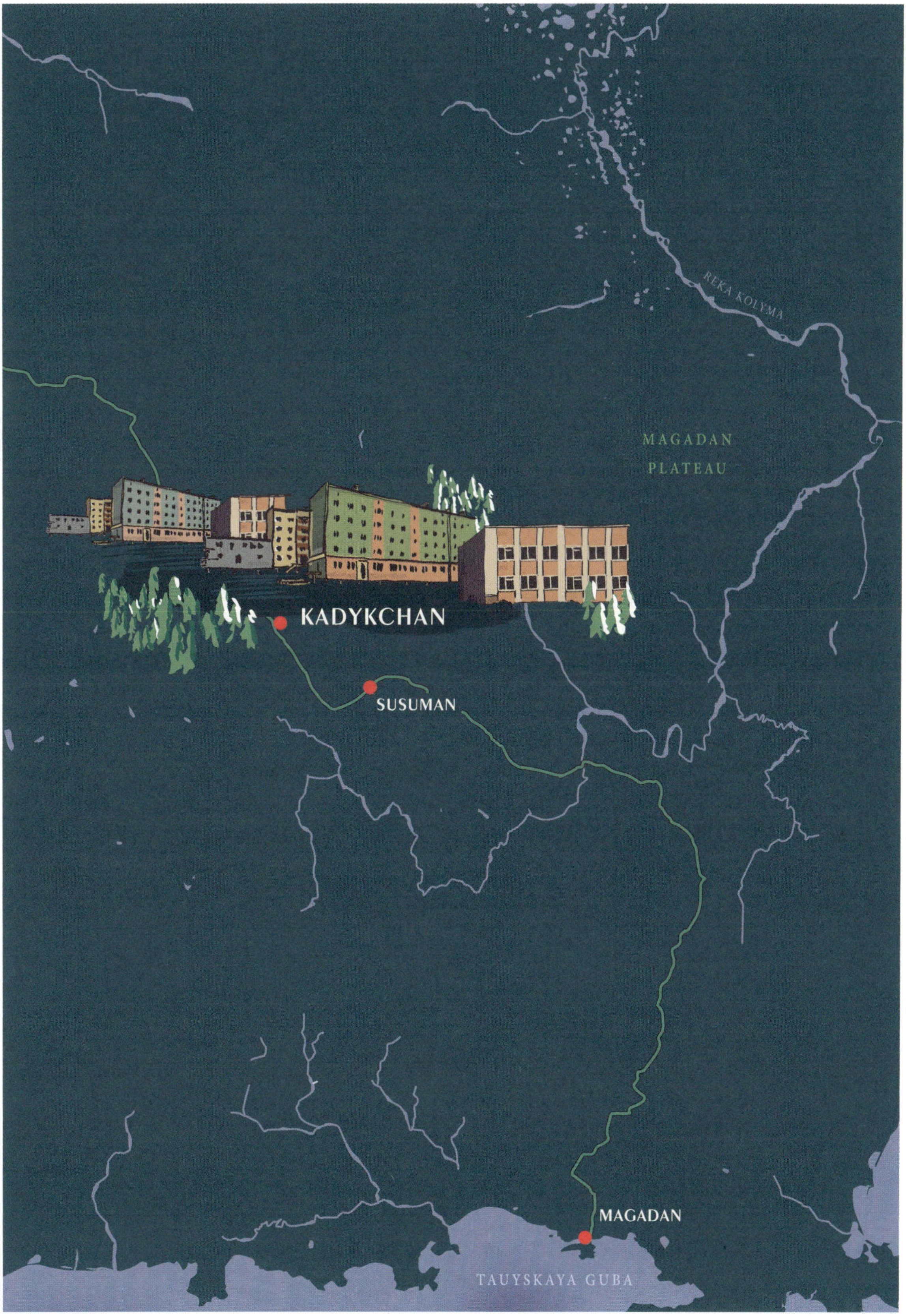
REKA KOLYMA
MAGADAN
PLATEAU
KADYKCHAN
SUSUMAN
MAGADAN
TAUYSKAYA GUBA

USBEKISTAN • 45° 09' N, 59° 16' O

# KANTUBEK

## Verseuchtes Land

Der Ort unvorstellbar, die Umwelt extrem feindselig: Kantubek liegt auf der einstigen Insel Wosroschdenija, der »Insel der Wiedergeburt«, mitten im Aralsee, der ebenfalls von Wüste umgeben ist – ein verstörendes Niemandsland, wahrhaft am Ende der Welt. Besucher dürfen die Geisterstadt auf der vergessenen Insel nur mit einer speziellen Genehmigung und in Schutzkleidung betreten. Man kennt die Stadt allenfalls von Satellitenaufnahmen, die eine Mondlandschaft zeigen, aus der hie und da Bauten emporragen. Und genau so sieht es hier auch aus. In einer mit Strauchwerk überwucherten Wüstenlandschaft stehen Wohnblöcke mit gähnenden Fensteröffnungen neben Holzbaracken und zerfallenen Industrieanlagen – ein Chaos aus verkohlten Ruinen, eingestürzten Dächern, Lkw-Wracks und rostigen Eisenteilen. Erhalten geblieben ist nur das rechtwinklige Muster der Straßen, gesäumt von Laternen, die schon lange kein Licht mehr spenden.

> *Kantubek war das Herz eines riesigen Forschungszentrums, in dem biologische Waffen entwickelt und getestet wurden.*

Die Geschichte von Kantubek, der abweisenden Stadt, bei deren Anblick man sich kaum vorstellen kann, dass ihre Straßen einst erfüllt waren von Kinderlachen, ist beklemmend. Der kleine Ort, der nie mehr als 1500 Einwohner zählte, ist die Frucht des Kalten Krieges und Stalins Paranoia. Er war das Herz eines riesigen Forschungszentrums, in dem die Sowjetregierung biologische Waffen entwickelte und testete. Seit 1936 wusste die Regierung, dass die Insel ideale Bedingungen für diese höchst gefährlichen Experimente bot. Das Klima ist heiß und trocken, und bei Bodentemperaturen von bis zu 60 Grad Celsius können sich Krankheitserreger weder vermehren noch ausbreiten.

Damals arbeitete auf der Insel ein Team um Professor Iwan Welikanow, einem herausragenden Spezialisten für biologische Kriegsführung. Er leitete ein Labor, das der Roten Armee unterstand. Doch 1937 wurde die Insel evakuiert, offiziell aus Sicherheitsgründen. Welikanow fiel den stalinistischen Säuberungen zum Opfer, er wurde abgesetzt und einige Jahre später exekutiert.

1952 entscheiden die sowjetischen Behörden, die Tests wieder aufzunehmen. Zwei Jahre später werden die ersten Anlagen auf der Insel gebaut. Das Herzstück des Lagers, das Versuchslabor für Krankheitserreger, wird im Süden errichtet. Die Stadt Kantubek mit öffentlichen Einrichtungen und

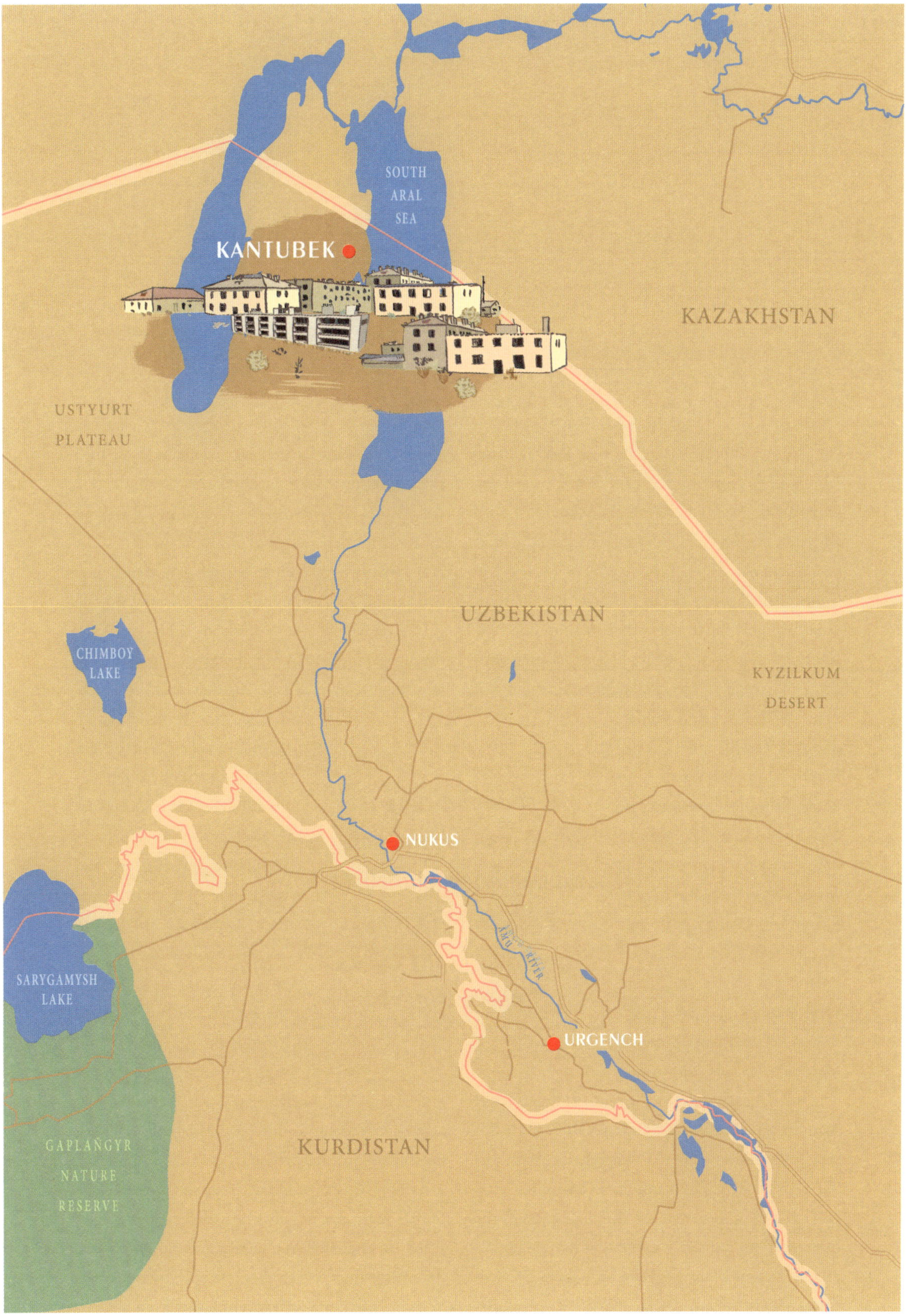
SOUTH ARAL SEA
KANTUBEK
KAZAKHSTAN
USTYURT PLATEAU
UZBEKISTAN
CHIMBOY LAKE
KYZILKUM DESERT
NUKUS
SARYGAMYSH LAKE
URGENCH
GAPLAÑGYR NATURE RESERVE
KURDISTAN

Unterkünften für Militärangehörige und Zivilisten wird im Nordosten erbaut, im Westen wird ein Flugplatz angelegt. Auch ein Hafenkomplex wird angelegt, und Patrouillenboote schirmen die Insel permanent ab.

Geheimhaltung ist oberstes Gebot: Die Wissenschaftler, die auf der Insel arbeiten, sind handverlesen und wissen, dass sie ihr Leben riskieren würden, sollten sie je von diesen Experimenten mit den gefährlichsten Keimen der Welt erzählen. Pest, Milzbrand, Botulinumtoxin, Typhus, Brucellose, venezolanische Pferde-Enzephalomyelitis: All diese Erreger sind imstande, ganze Völker auszulöschen, in Rekordzeit. Man muss sie nur in die Atmosphäre entlassen oder Tiere damit infizieren. Tiere werden in großer Zahl in den Versuchseinrichtungen »gelagert«: Nager, aber auch Schweine, Pferde, Esel und Schafe. An ihnen testet man die tödliche Wirkung der verabreichten Dosen. Trotz strikter Sicherheitsvorkehrungen in den Versuchslaboren, medizinischer Kontrollen und einer Rundumüberwachung durch Sensoren, die man rund um Kantubek aufgestellt hat, scheint es etliche Zwischenfälle gegeben zu haben. War ein solcher Zwischenfall der Grund für die Evakuierung der Stadt 1992? Die Umstände bleiben rätselhaft, doch der Zustand der Gebäude und Labore, die aussehen, als seien sie Hals über Kopf geräumt worden, deuten darauf hin.

*Geheimhaltung ist oberstes Gebot. Nichts von den hochgefährlichen Experimenten auf der Insel darf nach außen dringen.*

Fest steht: Es wird niemals gelingen, das Gebiet vollständig zu dekontaminieren, wo immer noch große Mengen biochemischer Stoffe lagern, die jederzeit geplündert werden könnten. Die Situation ist umso brisanter, da die einstige Insel Wosroschdenija, die heute halb zu Kasachstan und halb zu Usbekistan gehört, durch die allmähliche Verlandung des Aralsees mittlerweile zu einer Halbinsel geworden ist. Der erleicherte Zugang bereitet den Behörden zunehmend Sorgen. Schließlich hat sich 2001 die internationale Gemeinschaft des Problems angenommen. Im Jahr darauf hat ein Spezialtrupp des amerikanischen Verteidigungsministeriums zwischen 100 und 200 Tonnen mit Milzbranderregern verseuchte Erde neutralisiert.

Ein erster Schritt ist getan. Aber wer weiß, welche Stoffe heute immer noch an diesem verlassenen Fleck am Ende der Welt lagern und darauf warten, dass wirre Geister sich ihrer bemächtigen, um die Welt in Angst und Schrecken zu versetzen?

*Das Gebiet wurde nie vollkommen dekontaminiert, Plünderer könnten sich jederzeit bedienen …*

TÜRKEI • 39° 07' N, 29° 17' O

# KAYAKÖY

## Steine künden vom Exil

Kayaköy bekommt hauptsächlich deshalb regelmäßig Besuch, weil die »Geisterstadt«, wie die Reiseleiter sie nennen, nur acht Kilometer vom quirligen Fethiye entfernt liegt, einem beliebten Badeort an der türkischen Küste. Der Kontrast zwischen dem lebhaften Treiben an diesem Küstenabschnitt des Mittelmeers zwischen Izmir und Antalya und der düsteren Atmosphäre der grauen Steinhäuser von Kayaköy, deren dachlose Silhouetten sich in den Himmel recken, ist atemberaubend. Die leeren Fenster scheinen die Berge am Horizont zu fixieren wie blinde Augen. Am eindrucksvollsten aber ist die Einheitsform der Häuser, die wie Würfel entlang der löchrigen Straßen liegen, wo sich Unkraut und Feigenbäume ihren Weg bahnen, und der Betrachter staunt, wie die Wurzeln es angesichts der Trockenheit schaffen, sich zwischen den Mauern hindurchzuzwängen. Die kleine Stadt wurde zu Beginn des 17. Jahrhunderts gegründet. Sie besaß mehrere Kapellen und zwei Kirchen, von deren verblichenem Glanz die Spuren von Fresken und Reste von schwarzweißen Mosaikfußböden künden. Ihre Einwohner waren orthodoxe Griechen, Nachfahren der Lykier, einem Seefahrervolk, das wahrscheinlich um 1400 v. Chr. aus Kreta gekommen war. Bis 1923 lebten sie unter den osmanischen Herrschern in friedlichem Einvernehmen mit ihren türkischen Nachbarn. Das byzantinische Reich hatte Christen aus ihnen gemacht, was den Beinamen *Rums* erklärt (»Römer«) sowie die vielen Kapellen und Kirchen. Gemäß des Vertrags, der 1923 den türkischen Unabhängigkeitskrieg beendet, werden über eine Million Griechen aus Anatolien in die griechische Heimat vertrieben, die sie nicht kennen. Gleichzeitig kehren rund 4000 türkische Muslime, die in Griechenland und auf dem Balkan gelebt haben, in die junge türkische Republik zurück. Ein großer Teil von ihnen, mehrheitlich aus Thessaloniki, siedelt sich in der Stadt an, die damals den lykischen Namen Karmylessos trägt. Im Zuge der »Türkisierung« erhält sie den neuen Namen Kayaköy. Doch die Politik ging nicht auf. Hartnäckig halten sich Gerüchte, die Griechen hätten vor ihrem Wegzug ihre Häuser verhext. Nüchterner betrachtet, hängt es wohl vor allem mit der mangelnden Wasserversorgung zusammen, dass die Bewohner nur wenige Monaten später weiter talwärts ziehen, die »Stadt der Katzen« aufgeben, wie sie der Schriftsteller Louis de Bernières in seinem Roman *Vögel ohne Flügel* (2004) nennt, als er über die Geisterstadt Eskibahce, ein Abbild von Kayaköy, schreibt. Heute gibt es als Zugeständnis an den Tourismus wenigstens ein paar Cafés. Manchmal kommen Australier auf der Suche nach ihren Wurzeln nach Kayaköy. Sie stammen von den »Rums« ab, die das Exil in Griechenland nicht ertrugen und sich lieber am anderen Ende der Welt niederließen. Dann umweht Nostalgie diesen Steinhaufen, auf den die Sonne brennt.

DALAMAN
TURKEY
FETHIYE
KAYAKÖY
MEDITERRANEAN
SEA

INDIEN • 22° 19' N, 72° 24' O

# LOTHAL

## Der »Hügel der Toten«

Wenn in Indien eine bedeutende archäologische Fundstätte existiert, an die sich keine Touristen verirren, dann ist es Lothal, 85 Kilometer südwestlich von Ahmedabad gelegen. Zugegeben, es gibt hier nichts, was Touristenmassen locken könnte: weder reich verzierte Tempel noch eindrucksvolle Mauern. Die Geschichte des Ortes ist dennoch faszinierend. Sie erzählt von der antiken Indus-Kultur, der ältesten des Landes, aus der Zeit von 3300 bis 1900 v. Chr., am Übergang von der Jungsteinzeit zur Bronzezeit. Diese Kultur, die zu ihrer Zeit als sehr fortgeschritten gilt, entstand in Harappa im heutigen Pakistan. Sie ist berühmt für ihre städtischen Strukturen, ihr absolut genaues Maß- und Gewichtssystem sowie für ihren hoch entwickelten Handel und Seehandel. Auch der Ursprung der Stadt Lothal ist mit der See verknüpft. Um 2450 v. Chr. entdecken Händler, die einen Anlaufhafen auf dem Weg nach Süden suchen, ein kleines Töpferdorf, ideal gelegen tief im Golf von Khambhat am Fluss Sabarmati. Ein Hafen wird gebaut. Die einen bringen ihre Geschicklichkeit an der Töpferscheibe ein, die anderen Werkzeuge aus Stein und Kupfer, und beides zusammen sichert dem Ort über 500 Jahre Wohlstand. Als die »Harappa « anrücken, ist das spätere Lothal nur durch eine Mauer aus ungebrannten Lehmziegeln geschützt. Nach der ersten großen Flut 100 Jahre später wird das gesamte Verteidigungssystem überprüft und eine richtige Stadt mit einem funktionsfähigen Hafen gebaut. Sowohl Stadt als auch Hafen werden nach der zweiten großen Flut um 2200 v. Chr. erweitert. Damals leben hier zwischen 1000 und 2000 Menschen. Nach dem dritten Wiederaufbau um 2000 v. Chr. beginnt die Abwanderung der Eliten und der Niedergang der Stadt. Nach einer vierten Flut um 1900 v. Chr. stehen nur noch einfache Schilfhütten, die nach und nach aufgegeben werden. Die Reste der Stadt versinken im Schlamm und im Vergessen. Seit 1955 haben sieben Grabungskampagnen das Schicksal von Lothal erhellt und die Geschichte einer Folge von katastrophalen Überflutungen und Wiederauferstehungen nachgezeichnet. Noch heute verwandelt sich die Ebene, die nur zehn Meter über dem Meer liegt, regelmäßig in eine gigantische Sumpflandschaft, wenn der Monsun einsetzt und der

> *Heute ist Lothal ein Hafen, der sich ins Landesinnere verirrt hat, eine der ältesten prähistorischen Stätten Indiens.*

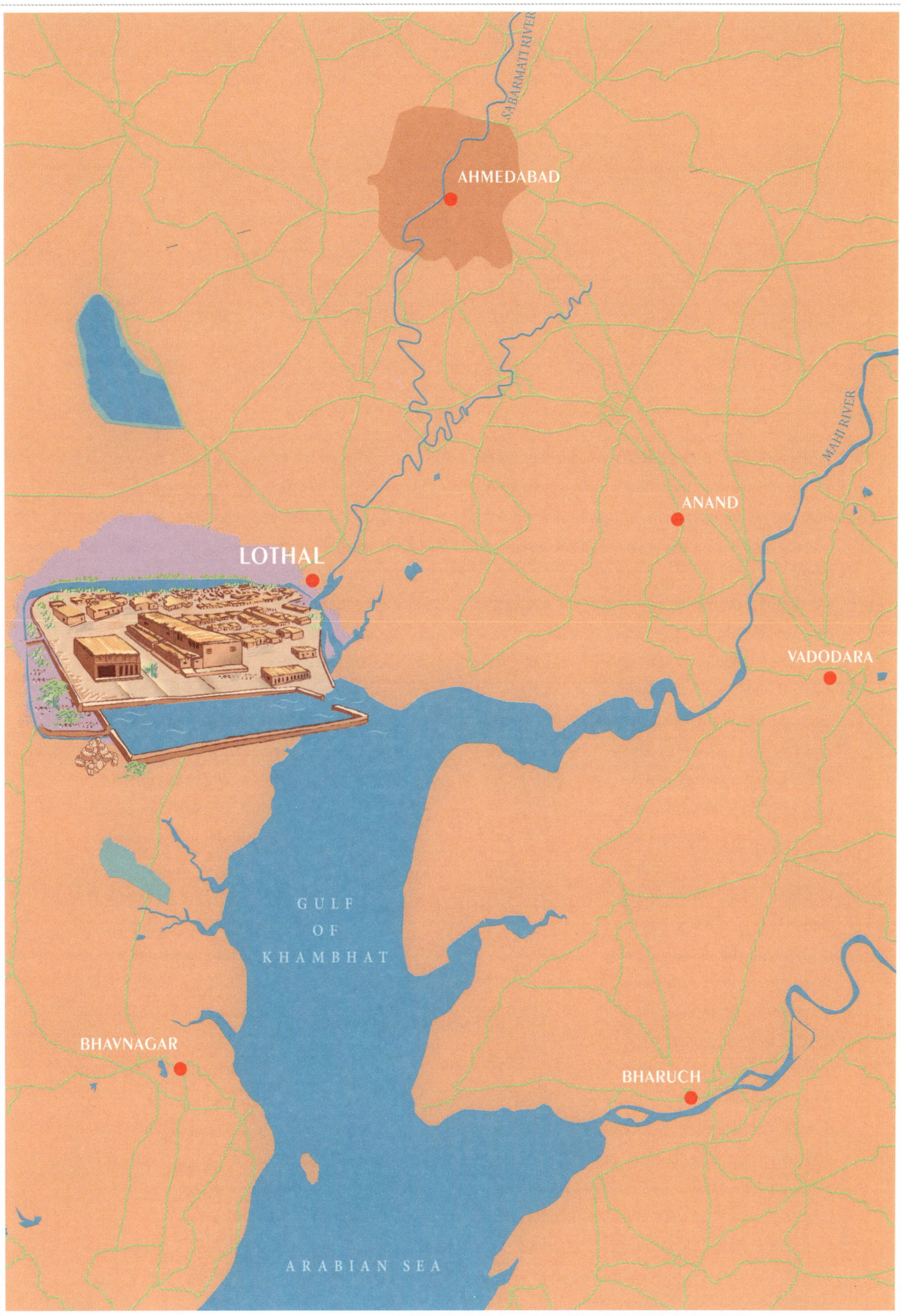

SABARMATI RIVER
AHMEDABAD
MAHI RIVER
ANAND
LOTHAL
VADODARA
GULF
OF
KHAMBHAT
BHAVNAGAR
BHARUCH
ARABIAN SEA

Sabarmati samt seiner Zuflüsse Schlamm in das Mündungsgebiet spülen. Jede höher gelegene Ansiedlung wird dann zu einer Insel mit Blick auf das vergängliche Grün der Weizen- und Baumwollfelder.

Die Spuren, die heute zu besichtigen sind, stammen aus der Blütezeit der Stadt: Das kleine Museum bietet dem Besucher, der sich auf den Weg durch das Labyrinth der niedrigen Mauern aus rötlichen Ziegeln und schachbrettförmig angeordneten Straßen begibt, eine Fülle von Erklärungen. Gegenüber der Oberstadt auf einer 3,50 Meter hohen Plattform mit geräumigen Häusern und großen Lagern liegen einfache Häuser und Werkstätten. Jede Wohnung hatte ein Badezimmer, denn die Stadt verfügte über ein ausgeklügeltes Abwassersystem, das den schlammigen Bodensatz herausfilterte. Staunenswert ist vor allem das rechteckige Hafenbecken, dessen 220 Meter lange und 30 Meter breite senkrechte Mauern erhalten geblieben sind – es ist das erste Trockendock in der Geschichte der Menschheit! Es besteht aus gebrannten Ziegeln und wurde mit einer Holztür verschlossen, die bei Ebbe das Wasser zurückhielt. Es war so berechnet, dass es dem Wasserdruck standhielt und Verschlammung verhinderte – ein in der Antike einmaliges technisches Meisterwerk. Und die Anstrengungen waren alle Mühe wert, denn Lothal – der »Hügel der Toten«, wie die verlassene Stadt genannt wurde – war ein wichtiger Handelsknotenpunkt. Unentwegt liefen Schiffe nach Arabien, Mesopotamien und Ägypten aus. Die Schiffe wurden mit Stoffen, Elfenbein und vor allem Perlen beladen, für die Lothal berühmt war (so wie heute die Küstenstadt Cambay). Sie brachten Wolle und Kupfer zurück in die Stadt, das die Kupferschmiede zu Juwelen und Werkzeug verarbeitete. Bei Ausgrabungen haben Archäologen mehr als 50 000 Perlen entdeckt. Außerdem haben sie einen kreisförmigen Bogen mit Gradeinteilung gefunden, der ein früher Kompass sein könnte.

*Lothal wurde »Hügel der Toten« getauft, nachdem die Stadt um 1900 vor unserer Zeitrechnung verlassen wurde.*

Heute ist Lothal ein Hafen, der sich ins Landesinnere verirrt hat, eine der ältesten prähistorischen Stätten Indiens. Aber Lothal hat eine Rivalin: Wissenschaftler haben 30 Kilometer entfernt im selben Golf die versunkenen Reste einer weiteren Stadt entdeckt, die vermutlich aus der Zeit um 7500 v. Chr. stammt.

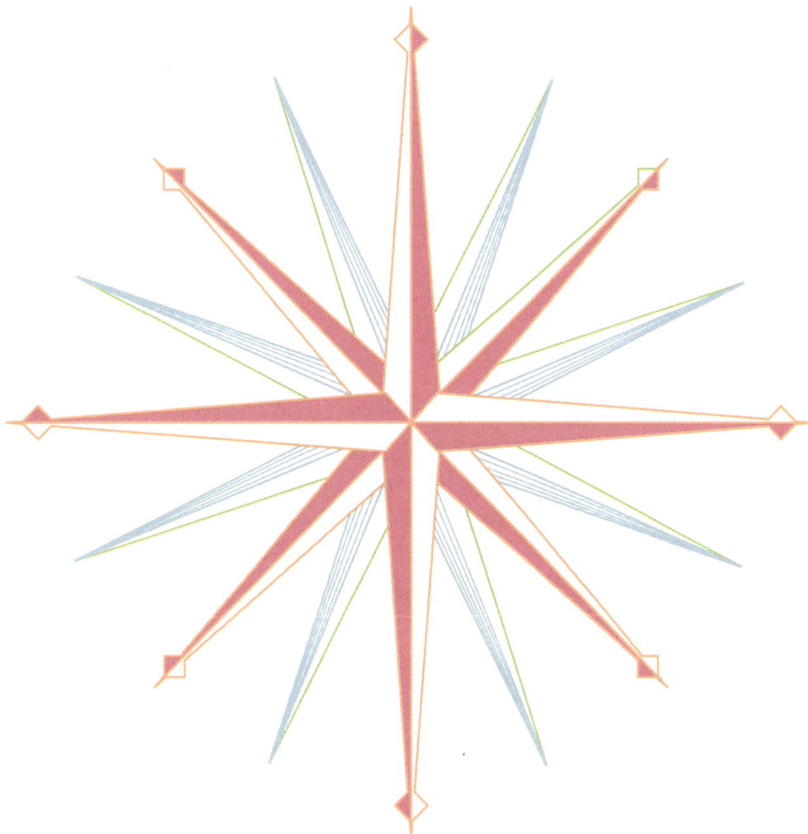

*Seit 1955 haben sieben Grabungskampagnen das Schicksal der Stadt erhellt und eine Folge von katastrophalen Überflutungen und Wiederauferstehungen nachgezeichnet.*

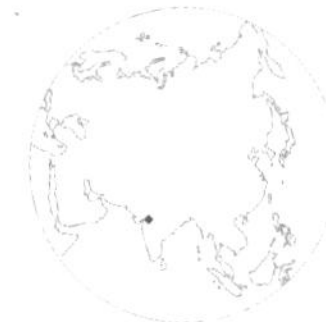

INDIEN • 5° 11' N, 72° 59' O

# MANDU

## Die Stadt der Verliebten

Einsam, auf einem von tiefen Schluchten umgebenen Plateau gelegen, schmiegt sich die Zitadelle von Mandu, einst Hauptstadt des Sultanats Malwa, an das Vindhyagebirge. Für die Inder ist sie in erster Linie Schauplatz der legendären Liebesgeschichte zwischen einem muslimischen Prinzen, Baz Bahadur, und der jungen Roopmati, einer jungen Hindu-Hirtin mit wunderschöner Stimme. Der Prinz verliebt sich unsterblich in Roopmati und lässt ihr einen weitläufigen Palast erbauen, der sich über dem Tal erhebt, in dem er geboren wurde. Doch der Palast fällt dem Eroberungsdrang des Großmoguls anheim. 1562 ist es für Akbars Heere ein Leichtes, Bahadurs kleine Streitmacht zu besiegen. Bahadur flieht. Um Akbar nicht in die Hände zu fallen, schluckt Roopmati Gift – eine Liebesgeschichte, die bis heute viele Dichter, Maler, Sänger und Drehbuchschreiber inspiriert.

Trotzdem verirren sich Besucher nur selten zur Festung Mandu, denn sie liegt zu weit weg von den touristischen Hochburgen des Landes. Hinter der mehr als 40 Kilometer langen Befestigungsmauer verbergen sich wahre Glanzstücke der indo-islamischen Architektur mit Kuppeln und Bögen und reichen Verzierungen, wie sie für Indien typisch sind. Die Herrscher haben so viele Paläste, Bäder, Moscheen, Mausoleen, Karawansereien, Gärten und Pavillons errichtet, dass Mandu den Beinamen Shadiabad bekam, »Stadt der Freuden«. Ghiyath al-Din, der im 14. Jahrhundert über Delhi herrschte, residierte dort im Jahaz Mahal, einem Palast aus rosafarbenem Sandstein, der zwischen zwei Wasserbecken zu schwimmen schien. Er hielt sich einen Harem aus 15 000 Gemahlinnen, Verwandten, Konkubinen und Dienerinnen. Die Furcht einflößenden äthiopischen Amazonen bildeten seine Leibgarde. Möglicherweise waren sie ebenso ein Geschenk der ägyptischen Kalifen wie die vielen Affenbrotbäume.

Mandus Niedergang beginnt im 18. Jahrhundert mit der Verlegung der regionalen Hauptstadt nach Dhar. Auf dem Plateau, das der Monsun in den Sommermonaten in einen überwältigend grünen Garten verwandelt, steht heute die »moderne« Stadt mit ihren mit Wellblech bedachten Häusern. Dürftig gedeckte Hütten säumen die alte, von Nord nach Süd verlaufende Straße, entlang der Überreste der alten Stadt, wo Frauen in leuchtend bunten Saris neben schwankenden Lastwagen gehen. Im Zentrum der Stadt steht die große Moschee aus dem 15. Jahrhundert mit einem wahren Kuppelmeer. Zu ihr gehört ein Marmormausoleum, nach dessen Vorbild das Taj Mahal erbaut wurde. Im Norden thront der Palast aus rosafarbenem Sandstein, im Süden endet die Straße am Liebesnest von Bahadur und Roopmati. Noch heute finden sich Liebespaare bei Sonnenuntergang hier ein, wo die schöne Roopmati dereinst den Blick über das Tal genoss.

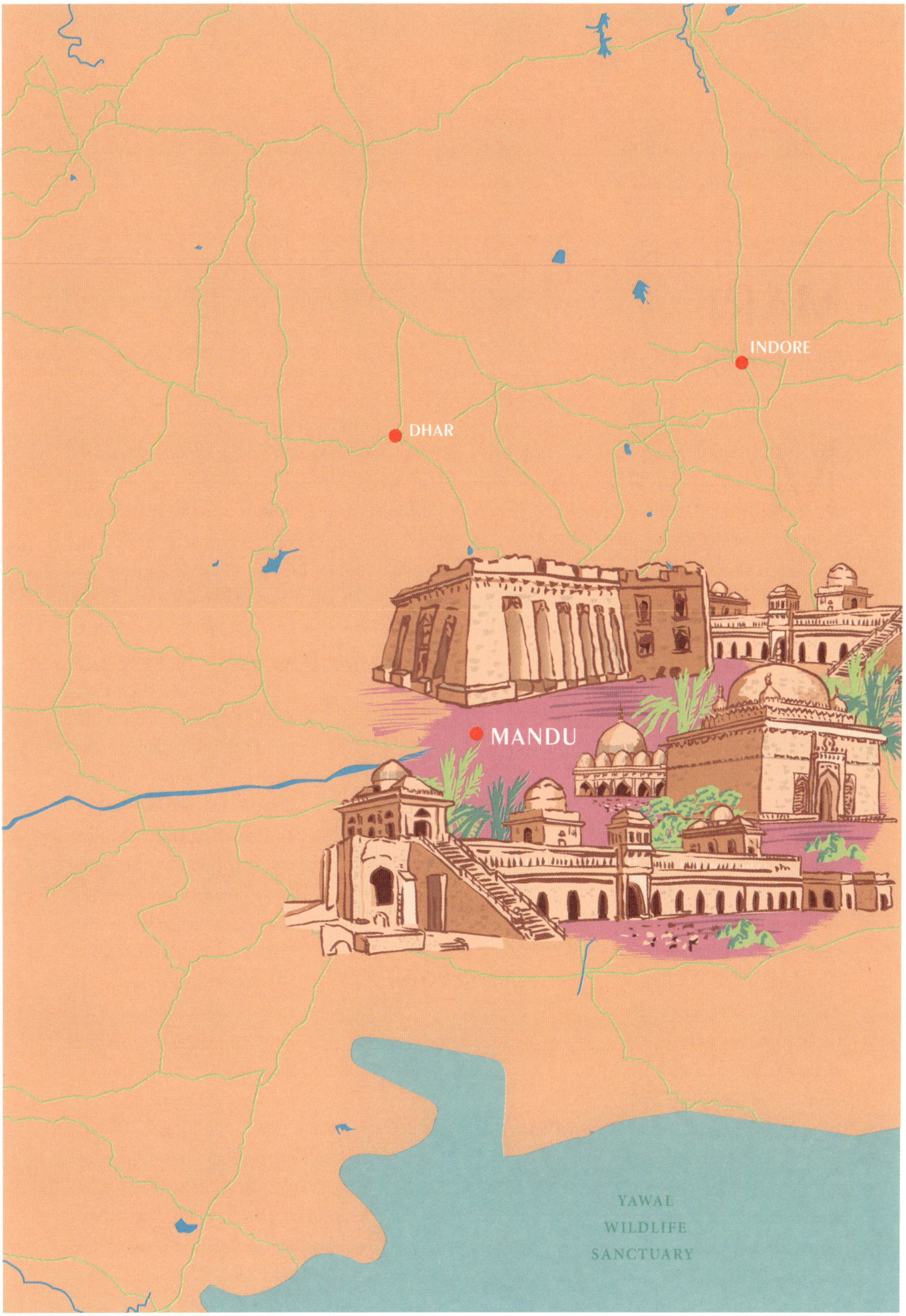
INDORE
DHAR
MANDU
YAWAL
WILDLIFE
SANCTUARY

SYRIEN • 34° 32' N, 40° 53' O

# MARI

## Sumerischer Glanz

Manchmal hängt das Schicksal einer Stadt von einer Kleinigkeit ab. So auch bei Mari, der prächtigen Königsstadt im alten Orient, die anhand einer schlichten Statue identifiziert werden konnte. In seinem Buch *Rückkehr in die Vergangenheit* (1981) schildert André Parrot, Spezialist für mesopotamische Kultur, jenen Tag im Januar 1934, als die Männer seines Grabungsteams eine Statuette zutage förderten mit der Inschrift: »Lamgi-Mari, König von Mari, Hohepriester des Gottes Enlil.« Nachdem Bauern beim Ausheben eines Grabes wenige Monate zuvor eine Figur aus der Zeit der Sumerer entdeckt hatten, zerstreute dieser Fund endgültig alle Zweifel: Tell Hariri war das antike Mari, einer der wichtigsten Stadtstaaten des alten Orients, eine sagenhafte Stadt, deren Geschichte viele Jahrhunderte lang im Dunkeln gelegen hatte. Und dabei ist das Schicksal der Stadt, die nach der großen Flut Herrschersitz der 10. Dynastie war, höchst abenteuerlich.

*Das Schicksal der Stadt, die nach der großen Flut Herrschersitz der 10. Dynastie war, ist eindrucksvoll.*

Mari, am Rand einer trockenen Ebene gelegen, durch die der Euphrat fließt, entsteht im 3. Jahrtausend v. Chr. im Osten Syriens, nur wenige Kilometer von der Grenze zum heutigen Irak entfernt. Die Stadt kontrolliert den Verkehr auf dem Fluss und wird reich durch die Abgaben, die sie auf alle dort transportierten Waren erhebt. Lange herrscht sie über die Region, bis ihre Blüte schlagartig vergeht, wahrscheinlich, als die Herrscher von Akkad die Kontrolle über Mesopotamien erlangen. Erst viel später kehrt der alte Glanz in die Stadt zurück dank mächtiger Statthalter, die dort gewaltige Bauwerke errichten, insbesondere eine imposante Festungsmauer aus Ziegeln und einen riesigen Königspalast. Diese Periode, die sich vom 23. bis zum 21. Jahrhundert vor der christlichen Zeit erstreckt, ist das Goldene Zeitalter von Mari. Die politische Metropole hat auch großen religiösen Einfluss in der Region, wovon ihre zahlreichen Tempel künden, die den wichtigsten Gottheiten des mesopotamischen Pantheons geweiht sind: Ischtar, der Göttin der Fruchtbarkeit, und Schamasch, dem Sonnengott. Im 9. Jahrhundert v. Chr., unter der Amorriten-Dynastie, beginnt Maris Niedergang, der durch unkluge Schachzüge des letzten Herrschers Zimri-Lim beschleunigt wird. Zimri-Lim hat sich mit seinen übermäßigen Expansi-

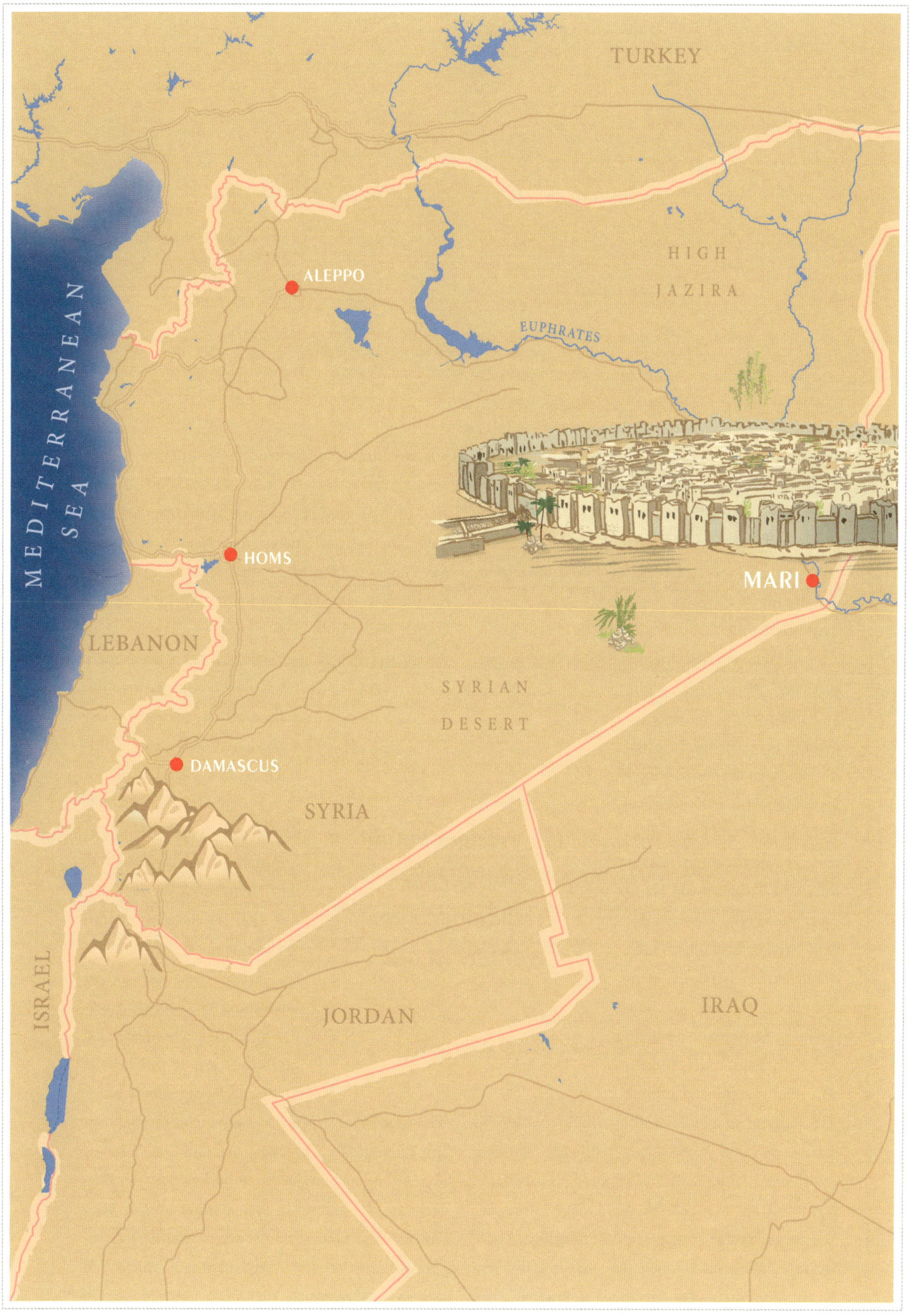
TURKEY
HIGH
JAZIRA
ALEPPO
EUPHRATES
MEDITERRANEAN
SEA
HOMS
MARI
LEBANON
SYRIAN
DESERT
DAMASCUS
SYRIA
ISRAEL
JORDAN
IRAQ

onsgelüsten den Zorn seines einstigen Verbündeten Hammurabi, des Königs von Babylon, zugezogen. 1761 v. Chr. befiehlt Hammurabi, der ganz Mesopotamien erobern will, seinen Truppen, die Stadt in Brand zu setzen. Doch Mari übersteht den Brand.

Mari wäre wohl bis heute nicht mehr als ein Kreuzungspunkt von Beduinenstraßen mitten in der syrischen Wüste, hätten die archäologischen Entdeckungen der 1930er-Jahre die Siedlung nicht in ein ganz anderes Licht gerückt. Paradoxerweise sind die reichen Entdeckungen der Zerstörung der Stadt durch die Truppen von Hammurabi zu verdanken. Als der Königspalast und die meisten offiziellen Gebäude niederbrannten, wurden kostbare Archive, Tausende Tontafeln mit Keilschrift unter Tonnen von Schutt begraben. So blieb das Material geschützt und erhalten, ein wahrer Schatz, den die Archäologen schließlich fanden und bergen konnten. Man vermutet, dass bislang höchstens ein Fünfzehntel der Anlage ausgegraben ist, 20 Hektar einer insgesamt mindestens 270 Hektar großen Fläche. Seit den 1930er-Jahren ist Mari eine Hochburg der archäologischen Forschung. Ein beeindruckender Ort in einer Mondlandschaft, so weit das Auge reicht. Eindrucksvoll sind auch die Ruinen, niedrige Mauern aus Rohziegeln, Überreste kilometerlanger Kanäle, durch die das Wasser des Euphrat in die Stadt floss. Über der baumlosen, von Hitze verdorrten Weite weht der Hauch einer untergegangenen Hochkultur. Der Palast, der den Namen seines letzten Bewohners trägt, des Königs Zimri-Lim, galt dereinst als einer der schönsten des Orients; die Ruinen lassen die Pracht bis heute erahnen: Das Palastgebäude mit seinen vielen Hundert Zimmern rings um die Höfe, den Bädern und Latrinen, den mit teils noch erkennbaren Wandmalereien geschmückten Sälen, das über 25 000 Quadratmeter bedeckt, verströmt bis heute seinen Glanz. Mari, die einst so prachtvolle Stadt und Wiege einer Kultur, die André Parrot »zu den Glanzlichtern der antiken Welt« zählte, hat längst nicht all ihre Geheimnisse preisgegeben. Bleibt zu hoffen, dass der Bürgerkrieg, der aktuell in Syrien wütet und in Mari wie andernorts mit Plünderungen und Zerstörungen einhergeht, die »Wüstenkönigin« nicht ein weiteres Mal zerstört.

*Die reichen Funde sind für die Archäologen ein wahrer Schatz.*

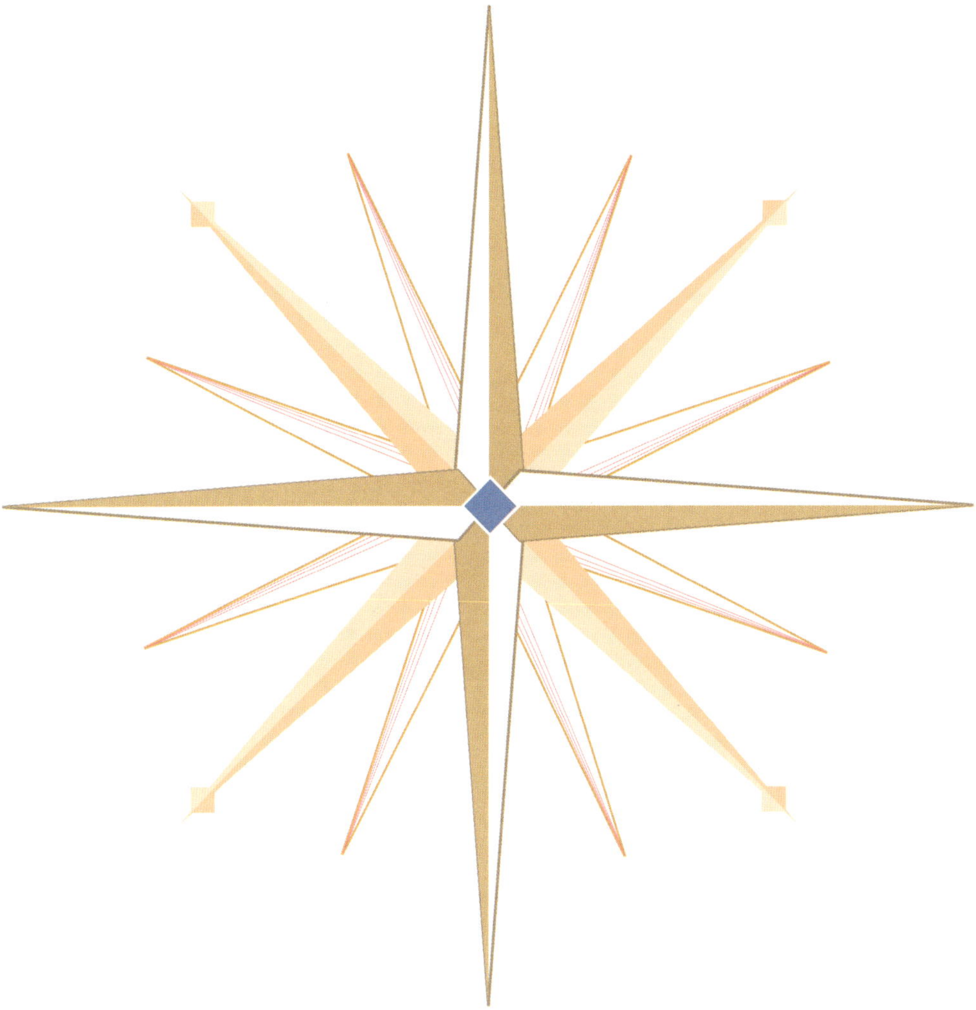

*Bleibt zu hoffen, dass die aktuellen Konflikte in der Region die »Wüstenkönigin« nicht ein weiteres Mal zerstören.*

JEMEN • 15° 25' N, 45° 20' O

# MA'RIB

## Im Herzen des Reichs von Saba

Mitten in einem Gebiet, das von jeher angestammtes Beduinenland ist und von keiner Grenze umschlossen, liegt die einstige Hauptstadt des Reichs von Saba. Heute kommen kaum noch Touristen über die 1980 erbaute Straße hierher. Durch die aktuellen Unruhen ist Ma'rib für die Liebhaber antiker Steine versperrt. Seit den 1980er-Jahren jedoch hat dieser entlegene Wüstenort eine unglaubliche Metamorphose durchlebt, als dort Öl entdeckt und ein Staudamm gebaut wurde. Heute gibt es rund um das alte Beduinendorf Getreidefelder, Orangenhaine und eine blühende Stadt. Die Geschichte des heutigen Ma'rib erscheint wie ein Abbild der Geschichte der alten Hauptstadt.

Ma'rib wurde im östlichen Teil des Jemen in einer Region gegründet, in der es kaum Regen gibt. Ma'rib war seit uralten Zeiten besiedelt. Die Einwohner bebauten das Land mithilfe der Wadis – Wasserläufe, die von den Bergen kommen und sich dann im Sand verlieren. Ihre Geburt verdankt die antike Stadt dem Wadi Adhana, einem der größten in der Region. Im 8. Jahrhundert v. Chr. wird ein Staudamm gebaut, der die Bewässerung der angrenzenden Felder ermöglicht. Über ein Jahrtausend lang ist Ma'rib mit seinen rund 40 000 Einwohnern ein bevorzugter Rastplatz der Karawanen, die über die Weihrauchstraße kommen und sich hier ausruhen. Mit seinen Festungsmauern kann Ma'rib über Jahrhunderte den Eroberungsgelüsten seiner Nachbarn trotzen, und auch den Römern leistet die Stadt Widerstand. Um das 2. Jahrhundert n. Chr. gelingt es Bergvölkern, die Stadt einzunehmen, die sich bereits im Niedergang befindet, da die Straße nach und nach zugunsten des Seewegs aufgegeben wird. Im 5. Jahrhundert geht das Reich Saba unter, und Ma'rib ist nur noch ein kleines Dorf. Der Staudamm verfällt und wird um 570 eingerissen. Es ist das Ende der alten Hauptstadt.

Über 14 Jahrhunderte bleibt Ma'rib der Wüste überlassen, bis Ende des 19. Jahrhunderts die ersten Expeditionen die alte Königsstadt wiederentdecken. In Ma'rib, der Wiege der südarabischen Kultur, gibt es nur ein einziges Mal archäologische Grabungen, und zwar 1951. Die Bombardierungen im Bürgerkrieg, der seit 1990 in der Region tobt, werden mit Sicherheit mehr Schaden anrichten als der Zahn der Zeit. Dabei müsste Ma'rib, das auf einem kleinen Berg kauert, gut geschützt werden: Die baulichen Überreste aus gestampftem Lehm sind sehr empfindlich. Auf manchen Mauersteinen lassen sich noch sabäische Inschriften erahnen, die Kinder den wenigen Besuchern stolz zeigen – kümmerliche Spuren einer einst großen und mächtigen Stadt. Dank des neuen Staudamms leuchten die Gärten von Ma'rib heute wieder grün. Bleibt zu hoffen, dass auch die alten Steine der ehemaligen Hauptstadt des Reichs von Saba eines Tages wieder hergestellt werden.

SAUDI ARABIA
YEMEN
MA'RIB
HODEIDA
RED SEA
IBB
TA'IZZ
ETHIOPIA
ADEN
GULF OF ADEN
DJIBOUTI

ISRAEL • 32° 41' N, 35° 36' O

# MASADA

## »… darf nie wieder fallen«

Grandiose Ruinen in herrlicher Einsamkeit, im Hintergrund die Wüste von Judäa und das Tote Meer: Es ist ein magisches Erlebnis, einen der Pfade zu erklimmen, die hinauf zum Gipfel des Tafelbergs führen. Die bemerkenswert gut erhaltene Festung beeindruckt ebenso durch ihren Anblick wie durch ihre Geschichte. Für viele junge Israelis symbolisiert die Festung den Widerstand gegen Unterdrückung und den Überlebenskampf ihres Staates seit 1948: »Masada darf nie wieder fallen«, heißt es in einem viel zitierten Satz. Die Geschichte von Masada ist lehrreich. Herodes der Große lässt die Festung zwischen 37 und 15 v. Chr. auf einem Felsen mit steil abfallenden Flanken errichten. Die Römer haben ihn zum König von Judäa ernannt, doch seine jüdischen Untertanen hassen ihn, und so plant er Masada als seine Zufluchtsstätte für den Fall, dass es zu einem Aufstand kommen sollte. Und Herodes macht seine Sache gründlich: Eine doppelte Festungsmauer umschließt das Plateau auf einer Länge von 1400 Metern. Am nördlichen Ende ließ er eine luxuriöse Privatresidenz errichten, die noch 2000 Jahre später Staunen macht, sowie einen Palast mit einer Fläche von 4000 Quadratmetern, der die Verwaltung beherbergt, komfortable Wohnräume, Werkstätten und eine Waffenschmiede. Auch Wachtürme, Quartiere für die Wachleute, Stallungen und Lagerräume mit viel Platz für Krüge voller Öl, Wein und ausreichend Getreide, um eine lange Belagerung auszuhalten, fehlen nicht. Als Ersatz für die einzige Quelle auf dem Plateau lässt Herodes neun riesige Zisternen anlegen und ein System von Kanälen, das den spärlichen Regen sammelt. Im Jahr 4 v. Chr. stirbt Herodes, ohne die Festung je bewohnt zu haben. Die römischen Soldaten geben sie auf. Im Jahr 66 n. Chr., zu Beginn des großen Aufstands gegen die Römer, suchen einige hundert Rebellen dort Zuflucht. Nach dem Fall von Jerusalem stoßen Zeloten mit ihren Familien hinzu, die aus der Heiligen Stadt geflohen sind. Aus Zorn darüber, dass es ihnen nicht gelungen ist, Masada einzunehmen, beschließen die Römer im Jahr 73, die Festung zu belagern. Der jüdische Geschichtsschreiber Flavius Josephus schildert die Ereignisse vom Aufstand bis zum Fall von Masada überaus detailreich. 8000 römische Legionäre, so berichtet er, standen nicht einmal

*Der Sonnenaufgang über Masada ist ein magisches Erlebnis.*

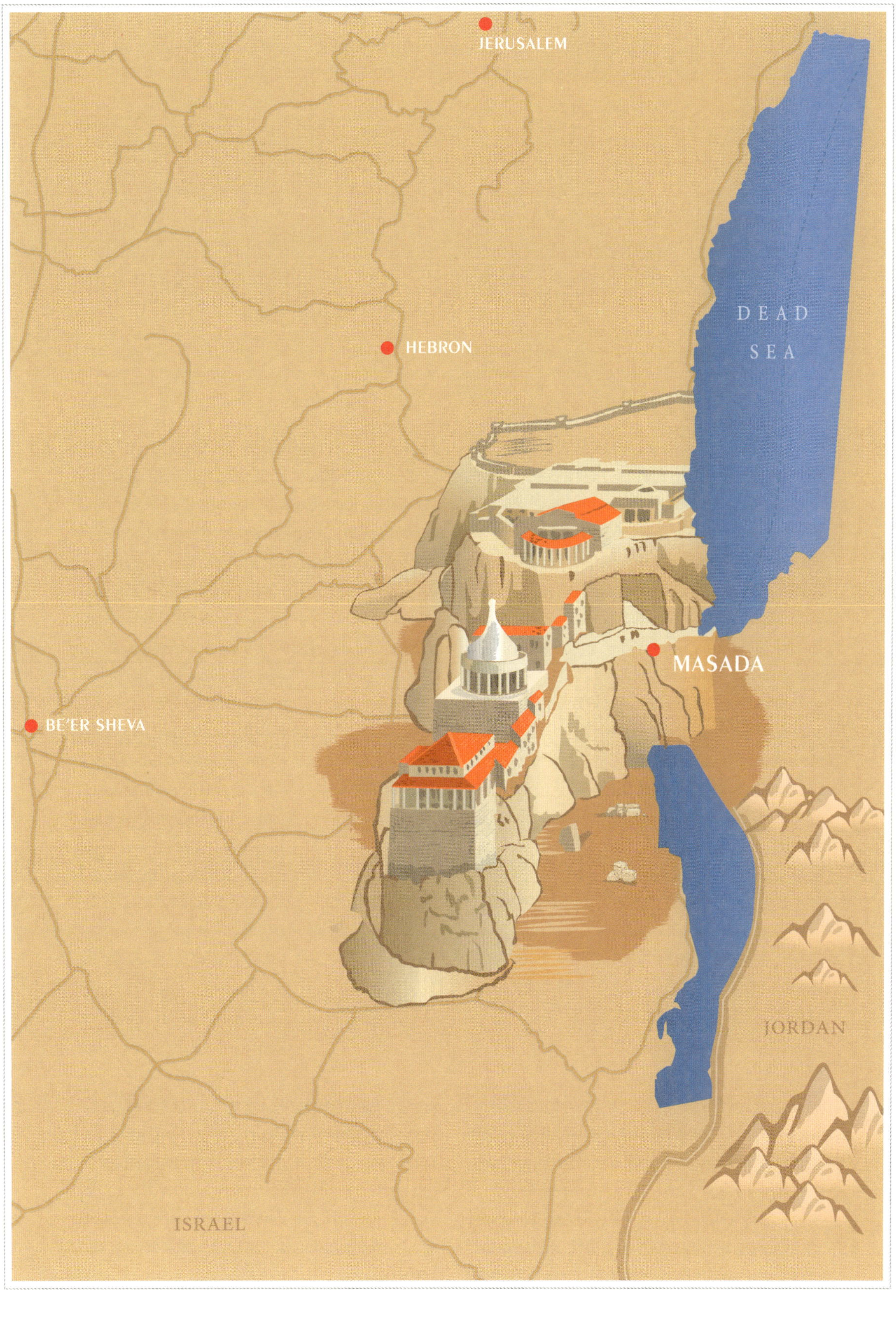
JERUSALEM
DEAD SEA
HEBRON
MASADA
BE'ER SHEVA
JORDAN
ISRAEL

1000 Aufständischen gegenüber. Er beschreibt auch die Rampe, die für den gewaltigen Rammbock aufgeschüttet werden musste sowie die Spuren der quadratisch angelegten Festung, die bis heute im Wüstenboden zu erkennen sind. Für die amerikanische Fernsehserie *Masada* (1981) wurde die Festung nachgebaut, die zeigt, wie sehr Sandstürme, Durst und Hitze – die Gegend um Masada gehört zu den trockensten Regionen der Welt – den Römern zusetzten, was auch die Filmcrew während der Dreharbeiten zu erdulden hatte. Der Film zeigt auch die gewaltige Rampe, die die Römer von hebräischen Zwangsarbeitern errichten ließen in der Annahme, dass patriotische Juden ihre Landsleute nicht töten würden. Die Belagerung von Masada nimmt ein schreckliches Ende. Als römische Soldaten in die Festung eindringen, finden sie nur niedergebrannte Bauten vor. Flavius Josephus schreibt, die Belagerten wollten den Römern die Genugtuung über einen Sieg nicht gönnen und hätten deshalb zuerst die Gebäude in Brand gesetzt und danach sich selbst getötet. Flavius Josephus' Berichte haben seither viele Forscher ins Land gelockt, um nach der mythischen Festung zu suchen. 1842 wurde sie schließlich identifiziert. In den 1960er-Jahren begannen Ausgrabungen, die zahlreiche Entdeckungen zutage förderten, denn auf dem seit Langem verlassenen Plateau hatte es in der byzantinischen Zeit auch ein Kloster gegeben. Zwischen versehrten Mauerresten fanden Archäologen tausende Alltagsgegenstände, Werkzeuge, Münzen und Pergamentrollen, Mosaiken und vor allem Tonscherben, die neben vielen anderen Namen auch den des Anführers der Belagerten trugen – Eleasar ben Jair. Diese Entdeckung bestätigte die Vermutung, wonach ausgelost worden war, wer den kollektiven Selbstmord ausführen sollte.

Die fast schon zu perfekte Übereinstimmung zwischen den Berichten und den Funden hat in der Fachwelt zu Kontroversen geführt. Ein Punkt aber ist gänzlich unumstritten: Wer immer nach Masada kommt – ob Touristen, Schulausflügler oder Soldaten der Zahal, der israelischen Armee, zur Eidabnahme –, ist ergriffen von der düsteren Schönheit der goldenen Steine, die die Zeit überdauert haben und den Gründungsmythos des Staates Israel verkörpern.

> *Die Belagerten begingen Selbstmord, weil sie den Römern die Genugtuung über einen Sieg nicht gönnen wollten.*

*Die Festung Masada ist ein Symbol für den Überlebenskampf Israels und seinen Widerstand gegen Unterdrückung.*

TAIWAN • 25° 14' N, 121° 31' O

# SANZHI

## No future

Sollten tatsächlich einmal Aliens auf unserem Planeten gelandet sein, so ist dies sicherlich an der Nordspitze der Insel Taiwan passiert. Sie haben dort sogar zwei Unterstände für ihre fliegenden Untertassen zurückgelassen! Tatsächlich verdanken die beiden Dörfer, die rund 40 Kilometer voneinander entfernt stehen, ihre Existenz ein paar Unternehmern, die vom futuristischen Design der 1970er-Jahre fasziniert waren, dem Jahrzehnt der »Tulpenstühle« und Mode von Courrège. Die beiden neu entstandenen Städte waren als luxuriöse Feriendomizile für reiche Taiwaner und die auf der Insel stationierten amerikanischen Soldaten gedacht. Sanzhi, 15 Kilometer von Taipei entfernt an der Westküste, bestand aus einem guten Dutzend traubenförmiger Anlagen direkt am Strand, jede mit sechs »Ufo-Häusern« in knalligen Farben – riesige Smarties, die man rund um ein gemeinsames Treppenhaus übereinandergestapelt hatte. Die großen Glasfenster gingen direkt aufs Meer, und jedes Haus war von einem üppig bewachsenen Garten umgeben. Es gab Schwimmbäder mit Spielplätzen und Wasserrutschen für die Kinder. Die Bauarbeiten begannen 1978, wurden aber zwei Jahre später wieder gestoppt, noch ehe die Häuser fertig waren. Grund war der Abzug der Marinesoldaten 1979 und die Pleite des Bauherrn. Aber es gab noch andere Gründe: Das verbaute Material, glasfaserverstärkter Polyester über einem Gerüst aus Stahlbeton, war für die heißen Sommer und frostigen Winter ebenso wenig geeignet wie für die seismischen Aktivitäten. Der neuen Stadt wäre wohl kein langes Leben beschieden gewesen. Verblüfft standen die Taiwaner vor diesen Bauten, die aussahen wie aus Comics, und die rasch verfielen. Schnell rankten sich allerlei Legenden um die Baustelle, die eine prosaische Realität zu erklären versuchten: Unter den Bauarbeitern war es zu einer Reihe von Todesfällen gekommen, außerdem ruhten in der Erde die sterblichen Überreste von 20 000 Holländern, die im 17. Jahrhundert im Zuge der ersten Kolonialisierung der Insel ums Leben gekommen waren. Ein Fluch musste über dem Ort liegen. 2010 walzten Bulldozer die Reste von Sanzhi schließlich nieder.

Übrig blieb ein zweites, ähnliches Dorf in Wanli an der Ostküste. Es liegt vergessen am Fuß großer amerikanischer Hotelkomplexe und zeigt rund hundert der berühmten Wohnkapseln des Finnen Matti Suuronen: das runde Futuro-Haus mit Bullaugen, das auf vier Pfählen steht und wie ein Flugzeug über eine Falltür zugänglich ist, und das Venturo-Haus, ein abgeflachter, an allen vier Seiten verglaster Kubus. Es sind wahrhaft futuristische Fertighäuser, komplett ausgestattet, für jeden Standort geeignet und per Helikopter leicht zu transportieren. Aber dem Dorf erging es nicht anders als Sanzhi. Verloren irren die Besucher heute zwischen baufälligen Bungalows umher – es gibt Nostalgiker, denen diese Architektur gefällt.

JINSHAN
SANZHI
CHINA SEA
YILAN

CHINA • 29° 36' N, 118° 59' O

# SHI CHENG

## Das chinesische Atlantis

Der Untergang von Shi Cheng gleicht dem aller Städte, die Staudammprojekten zum Opfer fielen. In Frankreich versank das Dorf Tignes 1952 nach dem Bau der Staumauer am Lac du Chevril in den Fluten. In der Türkei kämpft die historische Stadt Hasankeyf heute darum, nicht durch den Bau einer neuen Talsperre am Tigris unterzugehen. Doch obwohl sich die Geschichten gleichen, ist der Untergang der antiken Stadt Shi Cheng etwas Besonderes, denn Shi Cheng erlebte auch eine Wiederauferstehung nach ihrem Untergang in den Fluten.

1959 beenden die chinesischen Behörden den Bau eines Wasserkraftwerks am Fluss Xin'an. Als Wasserspeicher erschaffen sie den künstlichen See von Qiandao, den »See der Tausend Inseln« am Fuß der Wu-Shi-Berge. Dort befinden sich zwei prächtige antike Städte, He Cheng und Shi Cheng, erbaut unter der Han- und der Tang-Dynastie. Die Regierung hat keine Skrupel, die Überreste der über 2000 Jahre alten Bauwerke unter Millionen Kubikmetern Wasser zu begraben. Auch jüngere Dörfer und Städte versinken in den Fluten, ebenso 50 000 Hektar Ackerland; rund 300 000 Menschen werden umgesiedelt.

Vierzig Jahre lang spricht niemand mehr über diese alten Städte. Bis eines Tages ein lokaler Funktionär beschließt, aus dem Tal unweit der Großstadt Hangzhou eine Touristenattraktion zu machen. Die Idee ist klug, denn die Landschaft rund um den künstlichen See, der an einen üppig grünen Wald grenzt, ist idyllisch. Der See mit einer Fläche von 573 Quadratkilometern, übersät mit zahllosen großen und kleinen Inseln, zieht sehr rasch Wassersportler an. 2001 wagen sich erste Taucher in das kristallklare Wasser und entdecken in 26 bis 40 Metern Tiefe die Ruinen der antiken Städte. Die aus Ziegel und Stein errichteten Gebäude sind unglaublich gut erhalten, insbesondere Shi Cheng, die »Löwenstadt«. Die Taucher sind fasziniert von den mit Skulpturen versehenen Mauerblöcken, dem steinernen Flechtwerk, verziert mit Tier- und Blumenornamenten. Bald schon entwickelt sich der Stausee zu einem weltweit bekannten Taucherparadies. 2004 wird sogar ein 48-sitziges Touristen-U-Boot gebaut, das Hobbyforscher in die Tiefe bringen soll. Doch es läuft nie vom Stapel, denn das chinesische Gesetz verbietet U-Boote in Binnengewässern. Die Verantwortlichen vor Ort fürchten mittlerweile, dass der Tauchtourismus den Ruinen schaden könnte. Man würde heute wohl eher versuchen, aus den versunkenen Schätzen anderweitig Profit zu schlagen. Doch sie werden immer besser geschützt, und inzwischen sind nur noch begleitete Tauchgänge erlaubt. Eine Lösung zu finden, scheint nicht leicht. Wie lange solche Tauchgänge überhaupt noch erlaubt sind, ist ungewiss. Irgendwann werden die beiden Städte vielleicht für immer in der dunklen Stille des Wassers ruhen und in Vergessenheit geraten.

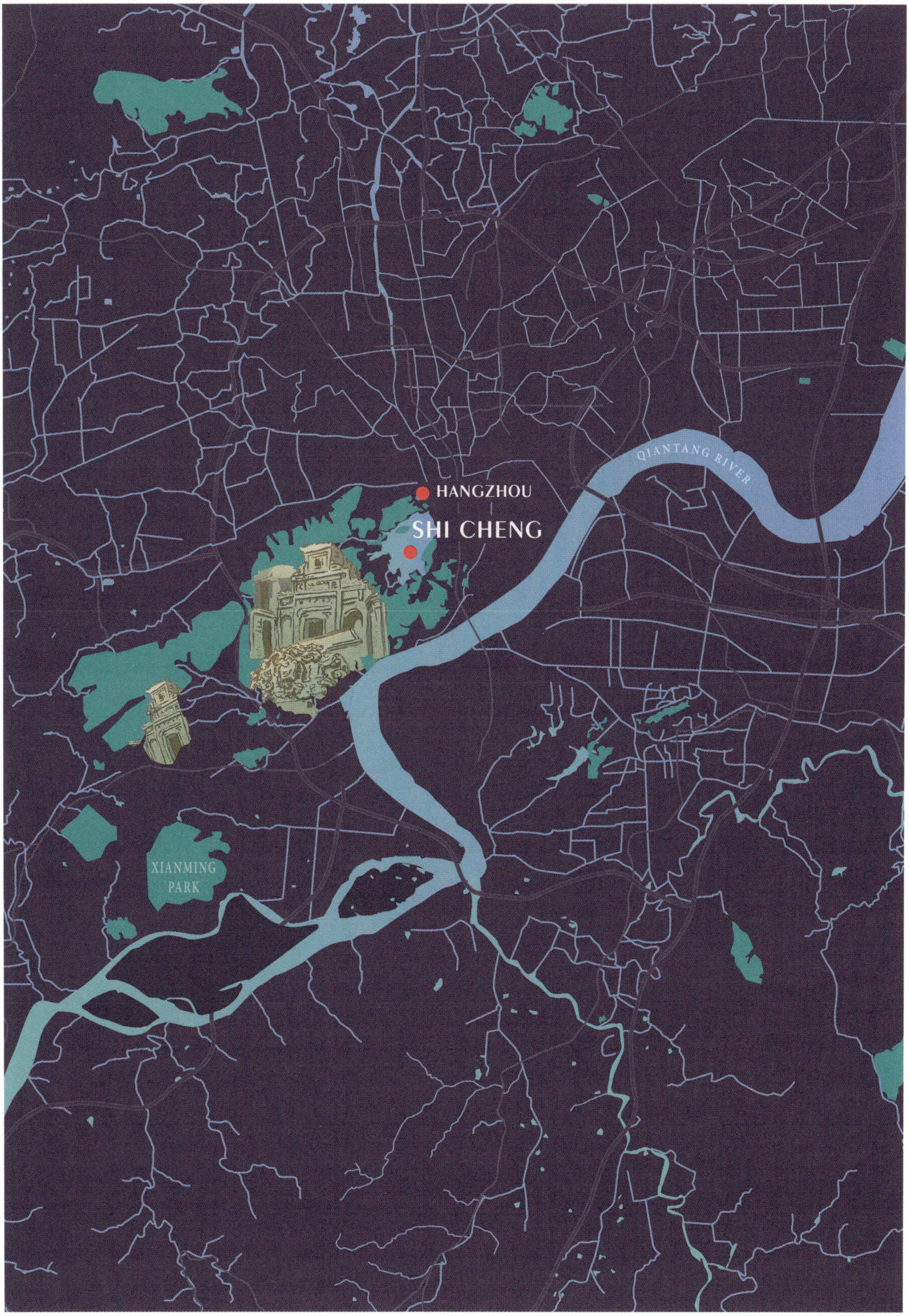
HANGZHOU
SHI CHENG
QIANTANG RIVER
XIANMING PARK

EUROPE
ICELAND
NORTH SEA
ATLANTIC OCEAN
JEOFFRÉCOURT
FLEURY-DEVANT-DOUAUMONT
FRANCE
BALESTRINO
SESEÑA
SPAIN

COLESBUKTA
NORWAY
BALTIC SEA
PRORA
RMANY
PRIPYAT
UKRAINE
BLACK SEA
LY
POMPEII
VAROSHA
CYPRUS
MEDITERRANEAN SEA

ITALIEN • 44° 07' N, 8° 10' O

# BALESTRINO

## Die schlafende Schöne

Die Landschaft Liguriens geizt nicht mit mittelalterlichen Städten, und aus der Ferne gleicht das Städtchen Balestrino seinen Nachbarinnen wie ein Ei dem anderen. Am Fuße einer alten Burg ziehen sich die hohen Steinhäuser eng aneinandergeschmiegt einen sattgrünen Hügel hinab. Inmitten rosafarbener, von der Sonne gebleichter Ziegeldächer erhebt sich der Kirchturm, und die Reste der Befestigungsmauer erzählen eine tausendjährige Geschichte. Und doch überkommt einen ein seltsames Gefühl, sobald man die ersten Häuser erreicht: Löcher gähnen anstelle von Fenstern, zwischen wackligen Pflastersteinen wuchert das Unkraut, und hier und da trifft man auf die Gerippe verrosteter Fahrräder. Die Haustüren scheinen nur verschlossen: Ohne Mühe dringt man hinein in die Wohnhäuser. Drinnen lassen hohe Gewölbedecken, breite Steintreppen und wunderschön geschwungene Balustraden etwas von dem verschwundenen Glanz erahnen. Den vielleicht traurigsten Anblick aber bietet der Innenraum der Kirche, mit leeren Nischen und Resten der von Feuchtigkeit zerfressenen Fresken. Es fällt schwer zu glauben, dass die Stadt einst Hauptstadt eines sonnenbeschienenen Tales war mit einer reichen Gemüse- und Olivenernte.

Balestrino verdankt seine Gründung Benediktinermönchen. Die Mönche erkennen den Reichtum dieser fruchtbaren Erde, lassen sich im 9. Jahrhundert hier nieder und bauen Wein an. Drei Jahrhunderte später steht auf dem Hügel eine Burg, um die sich immer mehr Häuser befinden. Die Burgherren beherrschen die Region bis ins 18. Jahrhundert hinein, als das Gebiet vom Königreich Sardinien annektiert wird. Balestrino verwandelt sich in einen kleinen Marktflecken, der von seinen Olivenhainen, vom Gemüse- und Weinbau lebt – bis 1960 eine Reihe von Erdbeben die alten Gemäuer erschüttert. Verschreckt und ohnmächtig verfolgen die 500 Einwohner das zerstörerische Werk der Beben, die zahllose Erdrutsche auslösen und Gebäude zum Einsturz bringen. 1962 dann die Gewissheit: Ihre Stadt ist verdammt, früher oder später über die Felshänge abzurutschen. Von den Behörden endgültig zum Verlassen ihrer Häuser gezwungen, siedeln die Balestriner wenige Kilometer weiter am Fuß ihres Hügels, auf dem ihre Erinnerungen zurückbleiben.

Das verlassene Städtchen wird zu einer Attraktion für Touristen, die vom morbiden Charme der verlassenen Stadt verzaubert sind. In den von Unkraut überwucherten Gassen stoßen sie bisweilen auf ein paar wenige Unbeugsame, die entschlossen sind zu bleiben, allen Widrigkeiten zum Trotz. Studien über eine mögliche Restaurierung der mittelalterlichen Stadt werden geprüft, doch im heutigen Italien, wo andere kulturelle Prioritäten gelten, scheint ihre Umsetzung wenig wahrscheinlich. Auch die Touristen werden Balestrino wohl nicht vor seinem Schicksal bewahren.

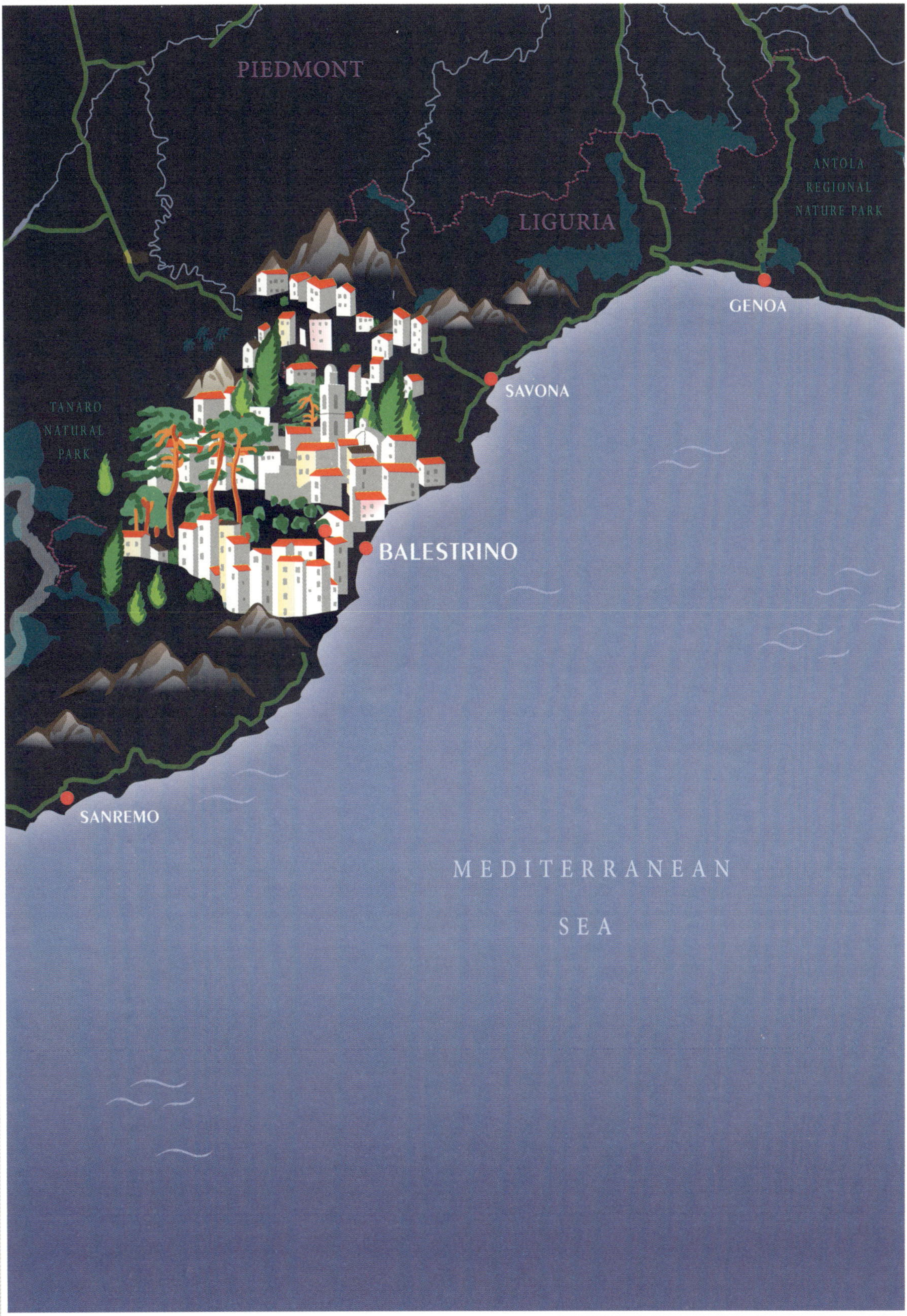
PIEDMONT
LIGURIA
ANTOLA
REGIONAL
NATURE PARK
GENOA
SAVONA
TANARO
NATURAL
PARK
BALESTRINO
SANREMO
MEDITERRANEAN
SEA

NORWEGEN • 78° 07' N, 14° 56' O

# COLESBUKTA

## Schnee und Kohle

Auf Spitzbergen, im Norden Norwegens, wo die Nächte hell sind und die Fjorde metallisch glänzen, scheint die Zeit an der Landschaft spurlos vorüberzuziehen. Doch die Reste der Minenstadt von Colesbukta erzählen eine Geschichte. Von der Siedlung sind nur ein paar wenige graue Bauten geblieben, in denen in den 1950er-Jahren rund 1100 Menschen lebten – eine beachtliche Zahl, wenn man bedenkt, dass der ganze Archipel heute kaum 2500 Einwohner zählt. Verstreut liegen sie am Ufer des Isfjord, zwischen Felsbrocken und rostigem Eisen, den Überresten der Mine Grumant.

Im 17. Jahrhundert wurde das seit 1596 bekannte Gebiet um die abgeschiedene »Kohlebucht«, auf halbem Weg zwischen Polarkreis und Nordpol, zum Eldorado für Walfänger. Mit seinen weiten, geschützten und – dem Golfstrom sei Dank – im Sommer auch eisfreien Fjorden, in denen sich die Wale tummeln, ist es ein ideales Jagdrevier. Man zerlegte die Wale damals direkt am Strand und schmolz ihr Fett in großen Wannen. Das Öl, vor allem für die Beleuchtung der Städte unentbehrlich, verkaufte sich in ganz Europa für teures Geld. Diese Ära aber währte nicht ewig. Keine hundert Jahre später sind die Wale fort, und eine neue Geschichte beginnt.

*Die einsam auf halbem Weg zwischen Nordpol und Polarkreis gelegene »Kohlebucht« erlebt eine wechselvolle Geschichte.*

Nach dem von russischen Trappern geprägten 18. Jahrhundert bricht im 19. Jahrhundert das Goldene Zeitalter von Colesbukta an. Während die Trapper das Reich mit Pelzen versorgen, interessieren sich die ersten Wissenschaftler für die Geologie der Bucht und der Küste. Verborgene Kohleadern, die zwischen Schichten aus Sandstein und Lehm lagern, haben ihren Forschergeist angestachelt. Seit ewiger Zeit schon schlagen Seeleute hier das Material für ihre Kohlenbunker heraus, doch der Gedanke, das Flöz ernsthaft zu erschließen, nimmt erst zu Beginn des 20. Jahrhunderts mit der Industrialisierung Skandinaviens Form an – und Colesbukta erlebt seinen ganz eigenen Goldrausch. Zwischen Norwegern, Russen, Engländern und Amerikanern beginnt ein erbarmungsloser Wettlauf um die Konzessionen: Es gilt, sich ein möglichst vielversprechendes und militär-strategisch bedeutsames Terrain abzustecken, das noch niemandem gehört (das Gebiet fällt erst 1920 an Norwegen). Bevor die Russen sich in Colesbukta niederlassen, begibt sich der Geologe Wladimir

LANGFJORD
COLESBUKTA
ANDALSNES
ROMSDALSFJORD
MARSTEIN

Russanow 1912 auf Forschungsexpedition in die Bucht. Ein Jahr später kann der Kohleabbau in der Mine Grumant beginnen (*Grumant* ist das alte russische Wort für Grönland). Von 1926 bis 1941 wird der Kohleabbau exzessiv ausgedehnt, dann vorübergehend während des Krieges gestoppt und nach 1947 wieder aufgenommen. Doch wegen der schwierigen Abbaubedingungen und der relativ geringen Ausbeute wird die Mine im Jahr 1962 geschlossen.

Heute können die seltenen Besucher, die nach Colesbukta kommen, noch immer die Hütte besichtigen, in der Wladimir Russanow den Winter verbrachte, bevor er mit Schiff und Mannschaft in der gefährlichen Nordost-Passage verschollen ging. Halb Unterschlupf, halb Museum ohne Hüter, ist sie heute mit ihrem Ofen und dem spartanischen Mobiliar das besterhaltene Gebäude am Ort.

Die eigentliche Mine befindet sich 6 Kilometer weiter nördlich auf einem unzugänglichen Plateau, zu erkennen an fünf großen zerfallenen Baracken. Die Reste der Schmalspurbahn sind noch zu sehen, die das Bergwerk mit der Bucht und der benachbarten Mine von Grumantbyen verband, ebenso eine aus Baumstämmen zusammengezimmerte Brücke und ein Transporttunnel. Von der Hafenanlage in der Bucht sind nur ein Holzanleger und Reste einer Hütte geblieben, überragt vom hochgereckten Arm einer Verladebrücke in 200 Meter Entfernung. Verstreute Gebäude, zugenagelte Fensterläden und losgerissene Bleche, der aufgerissene Betonquader eines kleinen Kraftwerks, eine gestrandete Schute und ein winziger, verlorener Friedhof erinnern noch an die verlassene Minenstadt – inmitten einer surrealen Landschaft, in der das weiße Eis einen ergreifenden Kontrast zur dunklen Erde bildet.

Interessanterweise haben die Ingenieure den Gedanken an eine Wiederaufnahme des Kohleabbaus in Grumant nie ganz aufgegeben. Doch eine Genehmigung dafür werden sie wohl nie erhalten. Mittlerweile nämlich verfügt die Bucht über einen ganz anderen Trumpf, der abermals den Lauf ihrer Geschichte verändern könnte. Die Bucht gilt heute als einer der artenreichsten Orte von Spitzbergen. Verloren am Ende der Welt, in einer meist menschenfeindlichen Umgebung, hat Colesbukta nur geringe Aussichten, zu seiner einstigen Bestimmung zurückzukehren. Doch bietet es nun ganz anderen Bewohnern Unterschlupf. Ein neues Abenteuer beginnt!

*Heute gilt die Bucht von Colesbukta als ein besonders artenreicher Ort.*

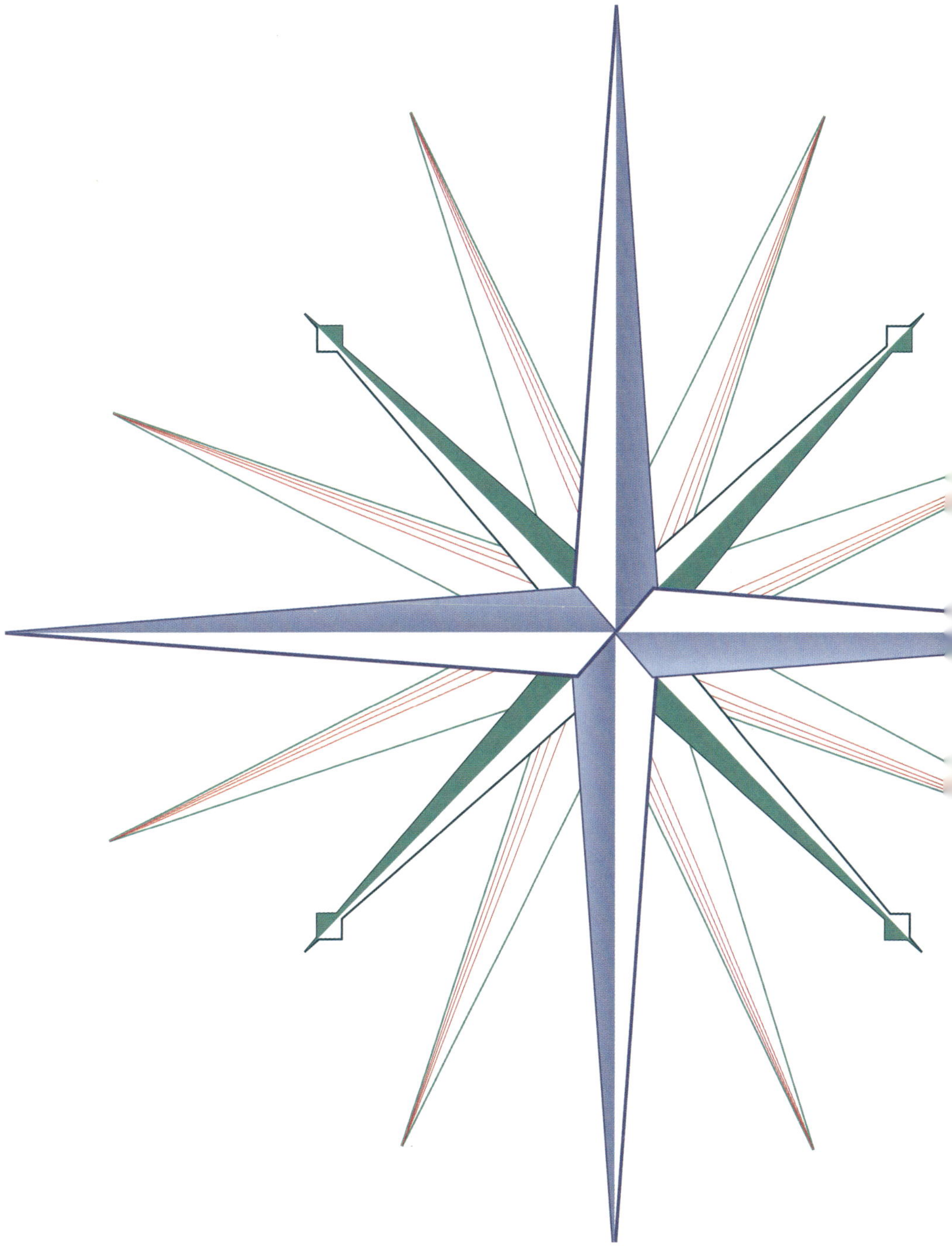

FRANKREICH • 49° 11' N, 5° 26' O

# FLEURY-DEVANT-DOUAUMONT

## Gefallen für Frankreich

Sie waren zu neunt: Bauerndörfer vor Verdun, versteckt zwischen bewaldeten Anhöhen, die 1916 von einem nie dagewesenen Feuersturm vernichtet wurden. Einer absoluten Katastrophe, in der Fleury-devant-Douaumont die Hauptrolle spielte. Bis zum Jahr 1870 hatte die Gegend nicht viel von sich reden gemacht. Dann rückte die Teil-Annektierung Lothringens die deutsche Grenze bis auf 30 Kilometer heran. Da die Festung von Verdun sich als zu schwach erwiesen hat, geht der Generalstab 1874 daran, sie mit einem doppelten Verteidigungsring zu umgeben. Es ist ein Glücksfall für Fleury, das einen Bahnhof erhält. Der Bau von Befestigungen, Redouten, Kasematten, Batterien und Depots zieht bis 1914 zahlreiche Soldaten und Arbeiter an den Ort, und jährlich wächst die Bevölkerung um 400 bis 500 Personen an. Bei Kriegsbeginn leben noch knapp 350 Menschen in dem Dorf. Dann, im Februar 1916, bricht die Hölle los, als die Deutschen, die mit allen Mitteln einen symbolträchtigen Sieg zu erringen suchen, die Festung Verdun erstürmen. Nach den ersten Granateinschlägen wird die Bevölkerung evakuiert. Als am 25. Februar das zwei Kilometer entfernte Fort von Douaumont fällt, nahm Fleury eine Schlüsselstellung ein, das von Juni bis August abwechselnd durch französische und deutsche Artillerie beschossen wird. Der Heeresgeistliche Abbé Thellier de Poncheville beschreibt die Tage: »Die Häuser wurden von Maschinengewehrfeuer und Bränden verschlungen. [...] Die Wut der Kämpfe zersprengte alles, Artilleriegranaten schlugen in Ruinen, die im Blut der Kämpfenden schwammen und mit Leichen gespickt waren. [...] Die Lage des Dorfes Fleury erkennt man an der Farbe seiner verstreuten Steine, wie Haufen endlos auseinander gerissener weißer Gischt.«

Gischt ist heute nicht zu sehen, nur die Wellentäler der Einschlaglöcher, wo einst neun Dörfer standen. An einen Wiederaufbau war wegen der unzähligen, in der Erde vergrabenen Leichen und Munition nicht zu denken. Und so erklärte man die Dörfer nach dem Krieg als »gefallen für Frankreich«, ohne ihren Gemeindestatus aufzuheben. Anstelle der zerstörten Kirchen wurden zum Gedenken Kapellen errichtet. Die 1934 erbaute Kapelle von Fleury ist Europa geweiht. Auf dem Platz des ehemaligen Bahnhofs hält ein Mahnmal mit angegliedertem Museum die Erinnerung wach an die verheerende Schlacht, die auf beiden Seiten über 300 000 Tote und 400 000 Verwundete gefordert hat. Etwas entfernt befindet sich ein Gräberfeld mit Zehntausenden weißen Kreuzen. Über einem großen Beinhaus ragt eine »Laterne der Toten« in Form einer riesigen Granate empor. Hier ruhen die sterblichen Überreste von 130 000 unbekannten Soldaten. An dieser Stelle besiegelten 1984 Bundeskanzler Kohl und Staatspräsident Mitterrand feierlich, Hand in Hand, die deutsch-französische Freundschaft.

NATIONAL
FOREST
OF VERDUN
CHARNY-
SUR-MEUSE
FLEURY-DEVANT-
DOUAUMONT
VERDUN
LORRAINE

FRANKREICH • 49° 34' N, 3° 53' O

# JEOFFRÉCOURT

## Virtuelle Stadt

Das Leben in der Kleinstadt Jeoffrécourt, 20 Kilometer östlich von Laon im Departement Aisne in der Picardie, geht alles andere als einen ruhigen Gang. Regelmäßig sprechen hier die Waffen. Panzer und bis an die Zähne bewaffnete Soldaten liefern sich erbitterte Gefechte. Zeitungen berichten nicht davon. Wie leben die 5000 Einwohner, die Kunden des Supermarkts, die Besitzer der kleinen grau gedeckten Häuser im Stadtzentrum, die Mieter der fünfstöckigen Wohnblocks, die Besucher des eigenartigen »Gotteshauses«, das weder so richtig Kirche noch Moschee ist? Es gibt sie nicht! Zivilisten sind hier ebenso virtuell wie alles Übrige. Der Fluss endet abrupt nach 800 Metern, die Schienen reichen kaum hinter den Bahnhof hinaus, die Gräber auf dem Friedhof tragen keine Namen, und jeder Kreisverkehr führt hinaus in braches Land, in lichte Waldungen und dichtes Unterholz: Die ganze Ortschaft ist Attrappe.

Die meisten von uns werden hier nie Zutritt erhalten, denn Jeoffrécourt ist als Militärübungsplatz konzipiert und zu diesem Zweck möglichst lebensecht nachempfunden. Die Stadt liegt auf dem Gelände des Militärlagers von Sissonne und soll einmal das größte europäische Trainingszentrum für urbane Kriegsführung werden – die nach Ansicht von Strategen die meisten Konflikte in der Zukunft bestimmen wird. Jedes Jahr werden hier in der Stadt mit ihren unechten Wohnwagenlagern, dem Labyrinth der Slumviertel und dem alten Munitionsdepot 10 000 Rekruten empfangen. Von den Aussichtsbrücken auf den rund 60 dachlosen Häusern im wenige Hundert Meter weiter gelegenen Dorf Beauséjour haben die Instrukteure einen genauen Einblick in die Manöver. 100 bis 200 vor Ort stationierte Soldaten schlüpfen abwechselnd in die Rolle von Zivilisten, feindlichen Truppen oder Guerillakämpfern.

Nebenbei verläuft durch Sissonne die Hunding-Linie, eine der Verteidigungsstellungen der deutschen Nachhut von 1916. Zu sehen sind noch etwa hundert Betonunterstände, die einst die doppelreihigen Schützengräben säumten.

Und es gibt Hinweise auf eine noch viel weiter zurückliegende Vergangenheit: Um 1900 stand an der Stelle des künstlichen Jeoffrécourt ein Bauernhof, der eben diesen Namen trug, und Archäologen haben hier Überreste eines Dorfes aus merowingischer Zeit entdeckt, des Weiteren 20 Hütten sowie einen für jene Zeit und Region außergewöhnlichen Friedhof mit Kapelle. Eine gute Nachricht! Die Armee hat sich verpflichtet, die merowingische Stätte zu schützen, ebenso die Trockenwiesen, die einen Teil des Geländes überziehen und ein seltenes Biotop sind. Und so sind die Panzer bei ihren Angriffsfahrten darauf bedacht, das Große Windröschen, den Schlammling und die Niedrige Rauke zu umfahren – beruhigend zu wissen, dass all das gut geschützt ist.

LAON
JEOFFRÉCOURT
SOISSONS
AISNE
REIMS
REIMS
MOUNTAIN
REGIONAL
PARK NATURE
CHÂTEAU-
THIERRY
ÉPERNAY

ITALIEN • 40° 45' N, 14° 30' O

# POMPEJI

## Unter dem Vulkan

Keine andere verschwundene Stadt fasziniert uns so wie Pompeji. Bis heute sind wir gepackt vom Ausmaß des gigantischen Vulkanausbruchs, der die Stadt für 17 Jahrhunderte unter Asche begrub; vom Paradox der Katastrophe, die Pompeji über Jahrtausende konservierte; von der unerschöpflichen Fundgrube, die sie den Forschern auch 200 Jahre seit den ersten Ausgrabungen noch immer bietet; von der erschütternden Gegenwart der Opfer, die vor 2000 Jahren mitten im Alltag unter glühender Asche erstarrten – ihr tragisches Schicksal hat zu unzähligen Werken inspiriert wie etwa Bulwer-Lyttons zu *Die letzten Tage von Pompeji* (1834), oder zum großen Kinospektakel *Pompeji* (2014) sowie zu zahllosen Fernsehfilmen, Dokumentarfilmen, Comics und Videospielen. Und sogar die Modemacher des 18. Jahrhunderts sollen von Pompeji zum Empirestil inspiriert worden sein. Das Drama der Katastrophe, die im Jahr 79 n. Chr. über die Stadt am Fuße des Vesuv hereinbrach, sind allseits bekannt. Plinius der Jüngere – der dem Drama, das seinen Onkel Plinius den Älteren das Leben kostete, aus der Ferne beiwohnte – hat es geschildert: die pinienförmige Wolke, die urplötzlich die Region in undurchdringliche Finsternis hüllt, der Regen aus Asche und Bimsstein, die Schreie, die Hilferufe, die einstürzenden Gebäude. Die vielen Zeugnisse sowie die moderne Archäologie halfen, den genauen Ablauf des Ausbruchs zu rekonstruieren: Auf die rund 1250 Toten, die in einer ersten Welle von Gesteinsschauern erschlagen oder erstickt wurden, folgten all jene, die sich bereits entkommen glaubten, dann aber vom Odem der Glutwolken eingeholt wurden. So haben wir heute ein lebendiges Bild vom geschäftigen Leben in dieser einstigen Handelsstadt, die sich auf kampanischen Wein und Öl spezialisiert hatte und keine nennenswerten Probleme kannte. In den Annalen wird Pompeji lediglich im Zusammenhang mit einer Massenschlägerei zwischen Pompejianern und Gladiatoren erwähnt, woraufhin der Stadtsenat die Gladiatorenkämpfe für zehn Jahre verbieten ließ, und noch einmal im Zusammenhang mit einem Erdbeben im Jahr 62, dessen Schäden man gerade erst noch nicht ganz bereinigt hatte.

*Das tragische Schicksal von Pompeji hat zu unzähligen Kunstwerken inspiriert.*

Heute wie damals stehen Besucher gebannt vor den Resten der historischen Stätte: Auf einer Fläche von 44 Hektar (22 Hektar sind noch unerforscht)

MOLISE
LAZIO
APULIA
BASILICATA
NAPLES
POMPEII
SORRENTO
SALERNO
CAMPANIA
GULF
OF
NAPLES

ist die römische Stadtanlage mit Foren, Tempel und Theater freigelegt; es zeigen sich Pflasterstraßen, von hohen Gehsteigen gesäumt; einfache Häuser mit Holzbalkonen und opulente *domus*, berühmt für ihre beeindruckenden Fresken und ihre intakten Mosaike; es gibt einen Markt, Weinkeller, Thermen und Latrinen, 35 Bäckereien und 36 Freudenhäuser mit so eindeutigen Dekoren, deren Anblick der Damenwelt lange verboten waren. Voll Staunen steht man vor den Gipsabgüssen der Opfer – eine Idee des Archäologen Fiorelli Mitte des 19. Jahrhunderts; sie sind teilweise genau dort platziert, wo man sie geborgen hatte – genau so, wie der Tod sie überrascht hatte: ein schwangeres junges Mädchen, ein Ehepaar in inniger Umarmung mit ihren Kindern, eine Patrizierin in der Kaserne der Gladiatoren. Jedes Werkzeug, jedes Möbelstück, jede Gartenpflanze, jedes ofenfrische Brot, jedes Graffiti auf einer Mauer (es gibt sie zu Hunderten: obszöne Einladungen, Karikaturen, Wohnungsanzeigen, Slogans aus Sport und Politik) – geradezu alles ist ein kostbares Zeugnis vom täglichen Leben in Pompeji. Anhand der Kohlenspeicher und Essensreste in Tonkrügen konnten Forscher auf das Datum des Ausbruchs schließen (vermutlich Oktober oder November, nicht August, wie man ursprünglich glaubte). Andere Wissenschaftler untersuchten Latrinen und Kanalisation und kamen so Ernährungsgewohnheiten und Lebensstandard der Bewohner auf die Spur.

*Anhand der Kohlenspeicher und Essensreste in Tonkrügen konnte man auf das Datum des Ausbruchs schließen.*

Doch mit der wirtschaftlichen Krise im heutigen Italien schrumpfen auch leider die Mittel für Unterhalt und Beaufsichtigung der Stätte – von Sanierungsmitteln ganz zu schweigen. Die empfindlichen Überreste Pompejis sind zunehmend bedroht. Zahlreiche marode Straßen und Villen sind für die etwa zwei Millionen Besucher pro Jahr bereits geschlossen. Zudem warfen in den letzten Jahren etliche Skandale, in die auch die neapolitanische Camorra verwickelt war, ein dunkles Licht auf grobe Nachlässigkeiten der Behörden. Als 2010 das antike Gladiatorenhaus einstürzte, handelte die Regierung rasch und setzte mit europäischer Finanzhilfe ein Sofortprogramm um. Unterdessen können Touristen Bohnen- und Tomatenranken bewundern, die Gemüsebauern vereinzelt auf dem noch unerschlossenen Teil der Stadt ziehen – auch eine andere Art, Pompeji wiederzubeleben!

*Es fehlt an Mitteln zum Unterhalt der Stätte, und so sind die Überreste Pompejis zunehmend begehrt.*

DEUTSCHLAND • 54° 26' N, 13° 34' W

# PRORA

## Seebad der Nazis

Über 4,5 Kilometer zieht sich der imposante Gebäudekoloss an der Küste der deutschen Ostseeinsel Rügen entlang, wild umwuchert von Gras und Gestrüpp. Die düsteren Betonblocks mit den aufgebrochenen Fenstern, die etwas von einem Gefängnisbau haben, sind die Reste eines gewaltigen Ferienkomplexes aus der Zeit des Dritten Reichs – den Hitler ausbauen ließ, damit sich die vorbildlichen Arbeiter dort erholen konnten. Die Nazi-Organisation »Kraft durch Freude« (KdF), zuständig für die Freizeitaktivitäten deutscher Arbeiter, sollte dort fünf große Seebäder bauen.

1936 werden die Bauarbeiten zum »Koloss von Prora« aufgenommen. Die gigantische Baustelle beschäftigt die bedeutendsten Firmen jener Zeit. Und die Ambitionen des Dritten Reiches sind grenzenlos: Prora soll das größte Seebad der Welt werden. Geplant waren acht identische, sechsgeschossige Baublocks, die eines Tages mehrere Millionen Urlauber pro Jahr beherbergen sollten. Hitlers Gefolgsleute verfolgten ein hehres Ziel: Jeder Arbeiter des Landes sollte Urlaub am Meer machen können, und zwar im Sinne des sozialen Programms der Nazis, versteht sich. Die Anlage sah Schwimmbäder, Kinos und Restaurants vor (die allerdings nie gebaut wurden), die Innenausstattung der Blocks war jedoch recht karg: Gemeinschaftsbäder auf jeder Treppe, enge, kleine Zimmer (nur 2,5 mal 5 Meter groß), alle völlig identisch und schmucklos – bis auf einen Lautsprecher zum Empfang der Propagandabotschaften. Die Einweihung von Prora im Jahr 1939 fällt mit dem Beginn des Zweiten Weltkriegs zusammen. In Hitlers Ferienanlage sollte von daher nie ein Urlauber eintreffen, die vier übrigen geplanten Seebäder wurden auch nie gebaut. 1944 dienen die Gebäude dann als Lazarett für Verwundete der Wehrmacht und als Hort für die geflohenden Bewohner des ausgebombten Hamburg.

Ab 1945 wurde das Gelände von der Roten Armee genutzt, diente danach als Militärbasis und später als Kaserne für Fallschirmjäger und Bausoldaten. Von 1990 an steht die kolossale Anlage leer. Das ändert sich mit Beginn des neuen Jahrtausends, als es für eine neue Nutzung hergerichtet wird. Zunächst sah man vor, Luxusapartments einzurichten, bis 2004 die Idee aufkam, in einem der Blocks eine Jugendherberge mit 400 Zimmern zu eröffnen. »Die größte Jugendherberge Europas«, verkündet der Bürgermeister von Binz, dem benachbarten Seebad, das seit Ende des 19. Jahrhunderts ein beliebtes Urlaubsziel ist. Wird Prora mit dem Fortschreiten der Sanierungsarbeiten die Last der Vergangenheit vergessen machen? Mittlerweile steht der Koloss unter Denkmalschutz und kann somit nicht einfach abgerissen werden: Auf der Weltausstellung in Paris 1937 wurde ein Modell von Prora mit dem Großen Preis für Architektur ausgezeichnet.

BALTIC
SEA
SASSNITZ
BALTIC
SEA
PRORA
BERGEN

UKRAINE • 51° 23' N, 30° 06' O

# PRYPJAT

## Ein nukleares Pompeji

Tourismus hat an diesem Ort einen zumindest zweifelhaften Beigeschmack, findet aber durchaus Anhänger. 2011 haben die ukrainischen Behörden die verbotene Zone um Tschernobyl für Besucher freigegeben. Und so trifft man in der 30-Kilometer-Sperrzone um das Unglückskraftwerk heute zahllose ausländische Touristen, die gegen Zahlung wertvoller Devisen Eintritt in die geschlossene Zone erhalten. Bis zum 11. März 2011, dem Tag des Unglücks im japanischen Fukushima, stand Tschernobyl für die schlimmste nukleare Katastrophe der Geschichte. In Bussen werden die Touristen, die diese Art von Abenteuer suchen, durch die zugänglichen Abschnitte des Atomkraftwerks geführt. Sie treffen dort auf eine ständige Belegschaft, die noch immer mit der Sicherung der Reaktor-Ruine beschäftigt ist. Zunächst geht es in die Stadt Tschernobyl, in der man zur Unterbringung der Belegschaft einige Gebäude dekontaminiert hat, danach in das drei Kilometer nördlich des Kraftwerks gelegene Prypjat – eine ganz und gar unheimliche Geisterstadt, entworfen von modernen Stadtplanern zu Zeiten des blühenden Sozialismus.

*Eine ganz und gar unheimliche Geisterstadt, entworfen von modernen Stadtplanern zu Zeiten des blühenden Sozialismus*

Prypjat wurde in den 1960er-Jahren erbaut, als Wohnort für die vielen Arbeiter des Reaktors in Tschernobyl, und bot jungen Familien zahlreiche Annehmlichkeiten, um die sie viele andere Sowjetbürger beneidet hätten.

Doch die Geschichte der Stadt endet am 27. April 1986. Es ist der Tag nach der Explosion in Reaktorblock 4 von Tschernobyl: Die 50 000 Einwohner von Prypjat werden von den panischen Behörden nicht über die Katastrophe informiert und sind daher seit dem Vorabend einer überhohen Strahlenbelastung ausgesetzt. Erst Stunden nach der Katastrophe rollen Panzer an, die eine unendlich lange Kette von 1225 Bussen eskortieren, um alle Bewohner schnellstmöglich aus der Stadt zu bringen. Über Funk kam die klare Anweisung, nichts mitzunehmen, da man in drei Tagen, so versicherte man ihnen, wieder zurückkehren würde. Die über 20 Kilometer lange Bus-Karawane setzte sich in Bewegung. Die evakuierten Bewohner sollten nie mehr zurückkehren.

Heute empfängt den Besucher eine Totenstille. Am Ende ihrer Besichtigungstour, beim Verlassen der

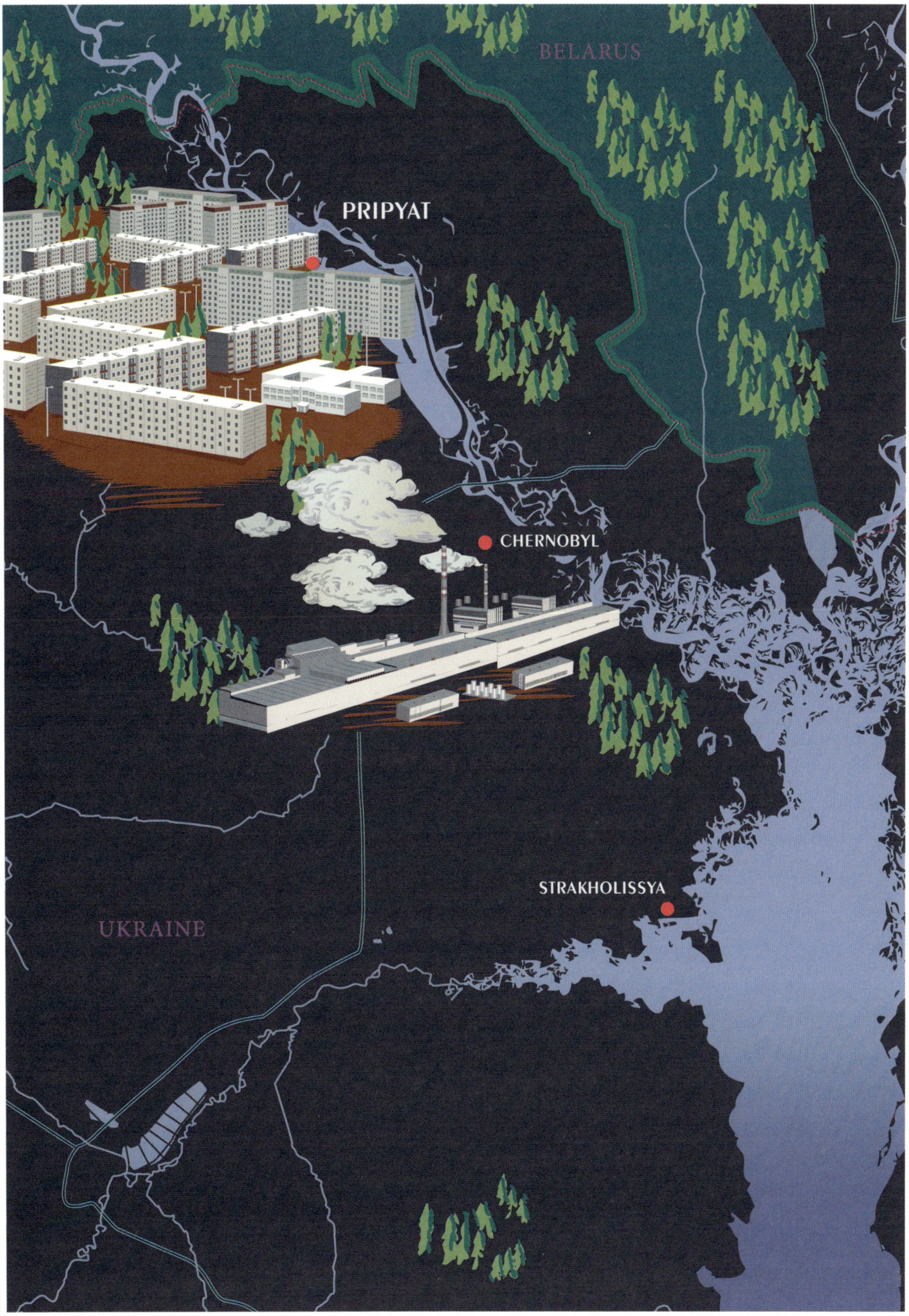
BELARUS
PRIPYAT
CHERNOBYL
STRAKHOLISSYA
UKRAINE

Sperrzone, müssen sie eine Schleuse passieren, in der sie auf die gefährliche Strahlung getestet werden. Denn in Prypjat, das kaum dekontaminiert worden ist, liegt die Strahlungskonzentration stellenweise um das 72-Fache über dem international zulässigen Grenzwert.

Wie sieht die »Welt danach« dort aus, die umso grauenvoller und gleichzeitig normal wirkt, da die Gefahr weder sichtbar noch greifbar ist. Man könnte meinen, die Häuserblocks, Höfe und Spielplätze seien reine Verschwendung: Wozu diese leeren Wohnungen mit den gähnenden Fenstern, in denen noch Spielzeug, Kleider und andere Gebrauchsgegenstände liegen? Wozu das Schwimmbad, in dem ein nutzloses Sprungbrett über einem leeren Becken hängt? Wozu das Klassenzimmer, in dem – grausame Ironie – Plünderer offenbar Gasmasken aus einem Wandschrank gezogen und über den Boden verstreut haben? Trostlosigkeit – so weit das Auge reicht. Unheimlich wirken sie, die Gebäude der einst belebten Stadt – der gewaltige Kulturpalast, der Bibliothek, Theaterraum, Turnhalle und Konferenzsaal beherbergte, das Hotel Polissja, das größte der Stadt, das Krankenhaus mit seinen Babykörben und den vielen Betten, der Supermarkt, wo die Registrierkassen noch an Ort und Stelle stehen. Makabere Krönung der gespenstischen Szenerie ist der Vergnügungspark mit den verrosteten Attraktionen, der niemals eröffnet wurde: Seine Einweihung war für das Frühjahr 1986 geplant. In der Ferne sind die Umrisse des Reaktors von Tschernobyl zu sehen, bedrohlich und vertraut zugleich. Eine technologische Apokalypse, verursacht durch grobe menschliche Fahrlässigkeit, brachte das Leben hier zum Stillstand. Doch nicht komplett. Die Natur scheint dies alles nicht zu kümmern: Pflanzen und Tiere haben sich diesen von der Katastrophe auf ewig gezeichneten Landstrich zurückerobert.

*Makabere Krönung der gespenstischen Szenerie: Der Vergnügungspark mit den verrosteten Attraktionen, der niemals eröffnet wurde. Seine Einweihung war für das Frühjahr 1986 geplant.*

## RÜCKKEHR ZUR NATUR

Atomare Katastrophen als Folge des wissenschaftlichen und technischen Fortschritts zeugen so wie auch Kriege von der Gewalt der Menschen und offenbaren die Zerbrechlichkeit unserer Welt. Manche der von solchen Katastrophen heimgesuchten Städte sind zur Natur zurückgekehrt, wie Prypjat und Fukushima, die kaum eine Chance haben, in absehbarer Zeit wieder bewohnbar zu werden. Im Unterschied zu den verschwundenen Städten der Antike oder den verlassenen Zeugen industrieller Revolutionen sind diese beiden Städte jedoch bar jeder Poesie und Schönheit: Sie bergen lediglich die Erinnerung an eine unermessliche Katastrophe und in ihren Böden das radioaktive Gift. Städte wie Hiroshima und Nagasaki dagegen hat man vollständig wieder aufgebaut. Hier erinnern Museen und Gedenkstätten an die verheerenden Atombombenabwürfe. Der Erdboden mit seinem ewigen Kreislauf von Geburt und Wiedergeburt ist von unendlicher Geduld …

SPANIEN • 40° 06' N, 3° 39' W

# SESEÑA

## Größenwahn

Die zweifellos größte, absurdeste und medienwirksamste Geisterstadt Spaniens erhebt sich in Seseña im Herzen des Landes – dem Gebiet zwischen Kastilien und La Mancha, das auch bekannt ist als Schauplatz der Abenteuer von Don Quijote. Die Stadt ist ein einziger architektonischer Irrsinn, entsprungen dem grenzenlosen Größenwahn und einer hemmungslosen Spekulationswut, die das Land zwischen 1999 und 2008 erfasst hatte. Die Stadt sollte El Quiñon heißen, wie die Ackerlandschaft ringsum, wo man sie zwischen 2003 und 2008 im Eiltempo aus dem Boden stampfte – im Niemandsland. Der Bauherr, Francisco Hernando, ließ seinen Namen in großen goldenen Lettern auf einem Monument anbringen. Am anderen Ende der Allee prangt an einer Statue, die er zu Ehren seiner Eltern errichten ließ, der Name seiner Frau: Maria Audena. Hernando, in Spanien besser bekannt unter seinem Spitznamen »Paco el Pocero« (Paco der Kanalputzer), erzählt gern, wie er einst als kleiner Arbeiter bei der städtischen Kanalreinigung begann und dann zu einem der zehn reichsten Männer Spaniens wurde, der heute mit aberwitzigen Investitionssummen Schlagzeilen machte. Sein Traum von der »perfekten Stadt« für junge Madrider, die von unerschwinglichen Mieten aus der Hauptstadt vertrieben werden, ist extravagant. Seseña wird eine der größten privaten Baustellen der spanischen Geschichte, eine Anlage mit 13 500 Wohnungen für über 40 000 Bewohner samt Industriegebiet und Einfamilienhaus-Siedlungen, angegliedert an die vier Kilometer entfernte alte Stadt Seseña, die nur knapp 15 000 Einwohner zählt.

*Seseña ist eine der größten privaten Baustellen der spanischen Geschichte.*

Nach mehreren Jahren, die von illegalen Baugenehmigungen und Anzeigen wegen Bestechung und Machtmissbrauch geprägt sind, wird die Anlage 2007 mit einem Rock-Konzert und 5000 geladenen Gästen eingeweiht. Wen kümmert es groß, dass nicht einmal die Hälfte der Bauten fertig ist und die meisten noch keinen Käufer gefunden haben? Statt der 16 000 Menschen, die in den fertiggestellten Wohnungen Platz finden würden, ziehen nur 4000 in die neue Stadt. Wenige Monate später platzt die Immobilienblase und bringt das Unterfangen zu

ARAGON
MADRID
SESEÑA
CASTILLA-
LA MANCHA

einem jähen Stopp. Aus dem spanischen Wirtschaftswunder ist eine Fata Morgana geworden, aus Seseña, eine tot geborene Stadt …

Die düstere Masse der Gebäude aus Backstein und Beton inmitten von Lagerhallen, Hangars, Brachland und Parkplätzen wirkt wie eine Gefängnisbaracke. Der Autor Anthony Poiraudeau, der die Stadt 2012 besuchte und ein Buch darüber schrieb mit dem Titel *Le Projet Pocero*, beschreibt sie als »ein hermetischer Vorposten, auf einem fernen Planeten angesiedelt […], [um dort] die Möglichkeiten erdgleichen Stadtlebens zu testen.« Zur einen Seite hin liegt eine zehn Hektar große Altreifendeponie, zur anderen zieht sich eine beunruhigend nahe Hochspannungsleitung entlang. Hinter den Zäunen der unvollendeten Baustelle stehen an schnurgeraden Straßen 30 Wohnhäuser und acht- bis zehnstöckige Türme mit schmalen Balkons und fast ausnahmslos verriegelten roten Fensterläden. In den geschlossenen Karrees dahinter liegen unsichtbare Gärten, Spiel- und Sportplätze und Schwimmbäder. Magere Palmen säumen eine Allee, die sich den Anschein gibt, als führe ihre Promenade am Meer entlang. Niemand hat Lust, sich hier länger aufzuhalten, in dem unablässigen Wind, der in dieser im Sommer glühend heißen Ebene den Staub aufwirbelt. Liegen gebliebenes Baumaterial übersät die Grundstücke noch nicht gebauter Häuser, Stahlteile ragen aus nackten Betonfundamenten empor. Mit den leeren Gehsteigen und den Geschäften, die nie eröffnet wurden, gleicht das »Manhattan von Seseña« einer anonymen Stadt aus einem Videospiel. »Zu verkaufen« steht auf zahllosen Schildern zu lesen. Die Banken, die die hunderte Immobilien zahlungsunfähiger Schuldner übernommen haben, hoffen kaum mehr darauf, sie loszuwerden. El Pocero hat schnell begriffen: 2009 überlässt er die Stadt ihrem Schicksal und sucht sein Glück unter einem freundlicheren Himmel, in Äquatorial-Guinea, wo er Staatschef Teodoro Obiang zu bewegen versucht, hohe Summen in eine Anlage mit 36 000 Wohnungen zu investieren (in einem Land mit nur 700 000 Einwohnern). Als der sich aus dem Projekt zurückzieht, will El Pocero von der Weltbank eine Entschädigung. Aktuell soll er Pläne für Saudi Arabien hegen.

*Seseña gleicht den anonymen Städten in Videospielen.*

*»Zu verkaufen« steht auf zahllosen Schildern in der Stadt, die tot war, bevor sie lebte.*

ZYPERN • 35° 06' N, 33° 57' O

# VAROSIA

## Verbotene Zone

Das »Juwel Zyperns«, wie die Reklametafeln es nennen, ist 1972 soeben geboren. Als Seebad des einstmals bekannten Handels- und Fischereihafens Famagusta soll Varosia das moderne Touristenzentrum der Insel werden. Zwar entstellt seine Betonarchitektur auf beinahe 6 Kilometern Länge die Küstenlandschaft, die Einwohner von Varosia aber genießen einen idyllischen Blick auf das Mittelmeer. Es ist ein rauschender Erfolg: Zehntausende Griechen und Engländer beziehen hier Quartier, und in der Sommerzeit gesellen sich scharenweise Touristen dazu, angelockt von Einkaufszentren, Hotels und zahllosen Souvenirboutiquen.

Der Tod des jungen Badeparadieses kommt ebenso rasch wie zuvor sein Erfolg. Der türkische Einmarsch in Zypern 1974 verwandelt es in ein unheimliches Niemandsland. Das Seebad hat das Pech, an der Demarkationslinie zwischen der Republik Zypern im südlichen Teil der Insel und der selbst erklärten Türkischen Republik Nordzypern zu liegen. Zerstört und hastig verlassen, ist Varosia nicht mehr als ein Ruinenhaufen, als die türkische Armee die Stadt besetzt und sie zur »Verbotenen Zone« erklärt. Außer dem türkischen Militär hat seitdem niemand mehr diese Geisterstadt betreten. Von Wachhäusern gesäumt und von Stacheldraht umgeben, der Abenteurer vom Vordringen auf das Gelände abhalten soll, ist die Stadt nur noch ein Schatten ihrer selbst. Brände und Explosionen haben die Fassaden versehrt, und auf den Straßen wuchert die mediterrane Vegetation. Am Rand der »verbotenen Zone« warnen leuchtend rote Schilder den kühnen Besucher in aller Deutlichkeit mit Aufschriften wie »Fotografieren nicht gestattet« oder »Wer sind Sie?«.

Wenige Meter weiter, in Sichtweite zu den Absperrungen, profitiert ein Hotel auf seine Weise von der traurigen Geschichte der einstigen Badestadt. Der Hoteldirektor bietet seinen Gästen wahlweise Zimmer mit Meerblick – oder Ruinenblick. Und das Hotel ist angeblich das ganze Jahr hindurch mit mehr als 85 Prozent gut ausgelastet. Ist es voyeuristische Neugier? Oder sind es die feinen Sandstrände, die Touristen locken? Sicher ist: Die Zyprioten, die sich an die kurze, aber glänzende Ära von Varosia erinnern (und manchmal sogar noch an die Zeit, da Varosia ein Dorf war), fühlen sich von diesem neu erwachten touristischen Interesse verletzt. Für sie ist das zerstörte Seebad vor allem eins: Eine Schande, die symbolhaft für die Teilung Zyperns steht. Die Besetzung des Nordteils der Insel durch die türkische Armee entzweit die internationale Gemeinschaft bis heute, die die Türkische Republik Nordzypern völkerrechtlich nicht anerkennt. Die Republik Zypern im griechischen Süden ist 2008 der europäischen Währungsunion beigetreten. Der türkische Norden bleibt von diesem europäischen Gemeinschaftsprojekt bislang ausgeschlossen. Varosia wird in absehbarer Zukunft wohl kaum aus seiner Asche auferstehen.

MERSIN
TURKEY
MEDITERRANEAN
SEA
MORPHOU
BAY
FAMAGUSTA
BAY
NICOSIA
VAROSHA
LARNACA
CYPRUS
CAPE GATA
MEDITERRANEAN
SEA

DANK:

Unser Dank gilt Gérard und Virginie Grandval,
die den Vorschlag für das Buch machten.

**Produktmanagement:** Franziska Sorgenfrei
**Übersetzung aus dem Französischen:** Regine Schmidt und Sabine Grebing
**Textredaktion:** Regina Schneider, Karlsruhe
**Korrektur:** Anke Höhne, München
**Layout und Satz:** Roman Bold & Black, Vanessa Prentzel, Köln
**Umschlaggestaltung:** Ute Schneider, München

Gesamtherstellung Verlagshaus GeraNova Bruckmann GmbH

★★★★★

Sind Sie mit diesem Titel zufrieden? Dann würden wir uns über Ihre Weiterempfehlung freuen. Erzählen Sie es im Freundeskreis, berichten Sie Ihrem Buchhändler oder bewerten Sie bei Onlinekauf. Und wenn Sie Kritik, Korrekturen, Aktualisierungen haben, freuen wir uns über Ihre Nachricht an:
Christian Verlag, Postfach 40 02 09, D-80702 München oder
per E-Mail an lektorat@verlagshaus.de.

Unser komplettes Programm finden Sie unter www.frederking-thaler.de



Die Deutsche Nationalbibliothek verzeichnet diese Publikation in der Deutschen Nationalbibliografie; detaillierte bibliografische Daten sind im Internet über http://dnb.d-nb.de abrufbar.



Die Originalausgabe mit dem Titel Atlas des Cités Perdues wurde erstmals 2014 im Verlag Flammarion, Paris, veröffentlicht.



ISBN 978-3-95416-179-9